제주 아이들은 다르게 자란다

제주 아이들은 다르게 자란다

발행일	2025년 8월 31일

지은이	권현서		
펴낸이	손형국		
펴낸곳	(주)북랩		
편집인	선일영	편집	김현아, 배진용, 김다빈, 김부경
디자인	이현수, 김민하, 임진형, 안유경, 최성경	제작	박기성, 구성우, 이창영, 배상진
마케팅	김회란, 손화연, 박진관		
출판등록	2004. 12. 1(제2012-000051호)		
주소	서울특별시 금천구 가산디지털 1로 168, 우림라이온스밸리 B동 B111호, B113~115호		
홈페이지	www.book.co.kr		
전화번호	(02)2026-5777	팩스	(02)3159-9637
ISBN	979-11-7224-805-5 03350 (종이책)		979-11-7224-806-2 05350 (전자책)

잘못된 책은 구입한 곳에서 교환해드립니다.
이 책은 저작권법에 따라 보호받는 저작물이므로 무단 전재와 복제를 금합니다.
이 책은 (주)북랩이 보유한 리코 장비로 인쇄되었습니다.

(주)북랩 성공출판의 파트너
북랩 홈페이지와 패밀리 사이트에서 다양한 출판 솔루션을 만나 보세요!
홈페이지 book.co.kr · **블로그** blog.naver.com/essaybook · **출판문의** text@book.co.kr

작가 연락처 문의 ▶ ask.book.co.kr
작가 연락처는 개인정보이므로 북랩에서 알려드릴 수 없습니다.

삶과 배움이 하나 되는 제주형 자율학교 이야기

제주 아이들은 다르게 자란다

권현서 지음

제주 아이들은
다르게 자란다

프롤로그

제주에서 다양한 공교육을 만난
엄마의 이야기

"아이들은 국제 학교에 다니게 되나요?"

제주로 이주한다고 말할 때마다 듣던 질문입니다. 처음엔 당황스러웠지만 점차 덤덤해졌습니다. 제주에 간다면 당연히 국제 학교에 보낼 것이라는 인식이 그만큼 널리 퍼져 있다는 뜻일 테니까요.

교육 관련 책이지만 저는 교육학자도, 교사도 아닙니다. 그저 두 아이의 교육을 고민하며 살아 온 평범한 학부모입니다. 뜻밖의 개인 사정으로 제주로 삶의 터전을 옮기게 되었고, 특별한 정보도 없이 '평범한 초등학교'에 아이를 보냈고, 뒤늦게야 그곳이 평범하지 않은 '다혼디배움학교'라는 제주형 자율 학교임을 알게 되었습니다. '다혼디'는 제주어로 '함께'라는 뜻입니다. 함께 배우고, 함께 자라는 학교. 경쟁보다 협력, 줄 세우기보다 관계, 성적보다 삶을 이야기하는 곳이었습니다.

솔직히 처음엔 낯설었습니다. 받아쓰기도 없고, 숙제도 없고, 등수도 없는 학교라니요? 제가 30년 전 겪었던 교실과는 너무 달랐습니다. 하지만 시간이 지나며 아이에게 변화가 찾아왔습니다. 새로운 환경에 신경을 쓰던 아이는 점차 마음의 평온을 되찾고, 친구들과 어울리며 웃는 시간이 많아졌습니다. 누가 더 잘했는지를 따지는 대신, 누구와 함께했는지를 돌아보는 아이의 모습은 제게 큰 깨달음을 주었습니다. 비록 1년 남짓한 시간이었지만, 그 경험은 근본적인 질문을 남겼습니다.

'학교는 꼭 다 같아야 할까?'
'시험 없이도 배움은 가능한가?'
'성적이 없으면 아이가 방황하지는 않을까?'
그리고 우리는 정말 아이의 '성장'을 중심에 둔 교육을 하고 있는가?

제주에는 우리가 흔히 아는 학교와는 전혀 다른 학교들이 존재합니다.

국제 바칼로레아(IB) 프로그램을 운영하는 학교, 생태 교육에 집중하는 학교, 마을과 함께 배우는 학교, 글로벌 역량을 키우는 학교, 그리고 협동을 가르치는 다혼디배움학교 등 여러 종류의 학교가 있습니다. 이들 학교는 각기 다른 철학과 방법을 갖고 있지만, 한 가지 공통점을 지니고 있습니다. 바로 '공교육의 다양성'과 '학생 중심의 배움'입니다. 이 책은 그러한 제주형 자율 학교들을 직접 경험하며 기록한 교육 실험의 여정입니다. 한 학부모로서, 그리고 정책 관련 업무를 해 온 사람으로서, 현장에서 느낀 의문과 감동, 고민과 통찰을 솔직하게 담았습니다.

책을 쓰며 가장 자주 들었던 질문이 있습니다.
"그런 학교가 정말 존재해요?"
"공교육 안에서도 그렇게 할 수 있어요?"
제주에는 그런 학교들이 존재합니다. 특히 서귀포시 표선면은 공교육의 혁신이 지역 사회를 다시 움직이게 한 대표적인 사례입니다. 한때 농촌으로 분류되던 이 지역에, 학교를 중심으로 새로운 인구 유입이 이루어지고 있습니다. 지역 소멸과 저출산이 당

연시되는 시대에, 표선은 다른 길을 보여 줍니다. 학교가 지역을 살리고, 배움이 삶의 이유가 되고 있는 것입니다.

지금, 대한민국 교육은 중대한 전환점에 서 있습니다. 단순한 입시 제도 개편이나 교과서 변경만으로는 감당할 수 없는 변화가 우리 사회 곳곳에서 일어나고 있습니다. 그 변화의 흐름 속에서 제주는 조용하지만 꾸준한 실험을 이어 왔습니다. 그것은 과감하면서도 섬세했고, 무엇보다 '학생'과 '학교의 다양성'을 교육의 중심에 놓고 있었습니다.

정책은 국민의 삶을 반영할 때 비로소 힘을 가집니다. 이 책에 담긴 이야기들이 누군가에게는 유용한 정보가, 또 누군가에게는 새로운 교육을 향한 용기가 되기를 바랍니다. 거창한 이론도, 복잡한 분석도 담지 않았지만, '공교육이 바뀌면 아이의 삶도 달라질 수 있다'는 가능성을 함께 나누고 싶습니다. 책장을 넘기는 동안, 잠시 제주로 떠나 보시기를 권합니다. 그곳에서 우리는 학교가 다시 진짜 배움의 공간이 되는 모습을 발견할 수 있을지도 모릅니다.

이 책을 쓰는 동안 큰 힘이 되어 준 가족에게 깊이 감사드립니다. 언제나 든든한 나의 대장님, 그리고 삶의 원동력인 아윤과 지윤. 인터뷰에 응해 주신 제주특별자치도교육청 제주형 자율 학교 담당 장학사님, 선생님들과 학부모님, 학생 여러분께도 고마운 마음을 전합니다.

2025. 8.
권현서 올림

목차

프롤로그   제주에서 다양한 공교육을 만난 엄마의 이야기   05

Part 01

제주에서 만난 다채로운 배움의 현장

섬에서 우연히 만난 학교   14
제주형 자율 학교의 성공 요인   26
왜 다양한 공교육이 필요한가   37
섬과 수도가 공교육을 풀어내는 방법   50

Part 02

국제 바칼로레아, 제주에서 꽃을 피우다

IB 학교란 무엇인가   70
제주 IB 도입 배경과 방향   77
표선 IB 학교 이야기: 생각을 꺼내는 수업의 연대기   85
성공 배경: 정책, 교사, 학부모, 공동체   90
성과 뒤에 가려진 숙제들: 제주 IB 학교가 직면한 현실   93

Part 03

IB를 넘어: 12가지 자율 학교 이야기

다혼디배움학교: 가장 제주다운 학교	104
글로벌역량학교: 영어 실력이 아닌 세계시민을 기른다	108
문예체학교: 감성과 예술로 배우는 삶	113
미래역량학교: 지식을 넘어, 살아갈 힘을 키우다	118
마을생태학교: 마을이 교과서가 되는 학교	123
놀이학교: 놀이는 배움이다	128
디지털학교: 배움의 언어를 디지털로 확장하다	132
발명학교: 정답보다 질문을 키우는 학교	137
세계시민학교: 지구적 감수성과 실천을 기르는 학교	142
인성학교: 사람답게 살아가는 힘을 키우는 학교	147
제주문화학교: 제주로 배우고 제주로 살아가기	152
건강생태학교: 자연이 교과서가 되는 학교	156

Part 04

제주, 대한민국 공교육의 미래를 보여 주다

실험이 아닌 미래: 제주형 자율 학교의 보편적 가능성	162
학교 선택과 정보 접근의 격차	164
제도만으로는 부족하다: 구조적 한계와 문화의 역할	167
대한민국 공교육을 위한 정책 제언	170

참고 자료	174

제주 아이들은
다르게 자란다

Part 01

제주에서 만난
다채로운 배움의 현장

섬에서 우연히 만난 학교

아이가 다니게 된 초등학교는 작고 조용한 학교였다. 전교생이 고작 100명 남짓, 1학년은 단 한 반뿐이었다. 교실은 몇 개 되지 않았고, 복도는 금방 끝이 보였다. 수업이 끝나면 아이들은 운동장으로, 도서관으로, 방과 후 교실로 흩어져 오랫동안 학교에 머물렀다.

처음에는 걱정도 있었다. 도시에서 누리던 시설이나 교육 환경보다 부족하지 않을까, 아이가 잘 적응하지 못하면 어쩌나 우려스러웠다. 하지만 그 불안은 아이의 첫 등교 며칠 만에 말끔히 사라졌다.

입학식 날, 첫 순간부터 웃음이 터져 나왔다.

강당 앞에서 6학년 선배들이 스케치북을 들고 줄지어 서 있었다. 스케치북마다 색색의 펜으로 예쁘게 꾸민 이름들이 적혀 있었고, 그 이름들은 바로 입학을 앞둔 1학년 아이들의 것이었다. 아이들의 이름이 적힌 스케치북을 흔들며, 선배들은 밝게 웃었다.

"아윤아, 환영해!"

그 모습은 마치 작은 축제 같았다. 긴장한 1학년들과 학부모들의 얼굴에도 자연스럽게 미소가 번졌다. 한 명, 한 명 이름을 부르며 반겨 주는 그 장면은 지금도 잊히지 않는다. 누군가에게는 사소한 연출일 수도 있지만, 처음으로 학교에 발을 딛는 아이들에게는 환대의 시작이자, '여기는 너를 기다리던 곳'이라는 무언의 메시지였다.

그리고 그날의 선배들의 노력은 하루 환영 인사로 끝나지 않았다. 입학식 이후로도 1학년 아이들과 한 해 동안 '짝지'가 되어 학교생활을 함께했다. 6학년 선배들은 학교를 안내해 주고, 점심시간엔 옆자리에 앉아 주며, 때로는 운동장에서 같이 놀아 주는 친구이자 멘토가 되어 주었다. 때로는 귀찮을 텐데도 쉬는 시간을 할애해 신입생들이 학교에 적응하도록 도와주었다.

'어려운 선배'가 아니라, '학교생활의 길잡이'였다. 경쟁과 위계로 상하가 나뉘지 않는 학교이자, 나이와 학년을 넘어 서로를 돌보고 연결되는 학교였다. 그날 입학식에서 이 학교가 조금 다르다는 것을 느꼈다.

2024년도 구엄초등학교 1학년 1반 전경 ⓒ권현서

아이는 학교를 정말 좋아했다.

아침이면 눈을 번쩍 뜨고 가방을 챙겼다. 학교에 가고 싶다며 서두르는 모습이 새삼 낯설고도 기특했다. 이유는 간단했다. 학교가 재미있었기 때문이다.

수업이 끝난 후에도 아이들은 줄넘기를 하고, 운동장을 자전거로 달리고, 흙도 파고, 나뭇가지로 모양을 만들며 놀았다. 등교 시에는 낯선 풍경들이 많았다. 학년마다 목표해 놓은 바가 있어, 그것들을 완성시키기 위해 노력하고 있었다. 달리기, 자전거 타기, 줄넘기 등을 하며 아침부터 힘들 법도 한데 아이들 얼굴에는 에너지가 넘쳤다.

아침마다 학교 주변 쓰레기를 줍는 '환경 지킴이' 활동에 자발적으로 참여하는 아이들도 있었다. 누가 시키지 않아도, 아이들은 자연스럽게 학교와 마을의 일부가 되어 가고 있었다.

무엇보다도 인상 깊었던 건 학교의 분위기였다.

경쟁이 없었다. 등수를 매기거나, 누가 더 잘했는지를 평가하기보다는 서로를 응원하고 존중하는 문화가 학교 전체에 퍼져 있었다.

아이의 첫 운동회 날, 우리 부부는 혹시 있을지도 모를 '부모 참여 달리기'에 대비해 운동화까지 챙겨 신었다. 하지만 막상 가 보니, 부모가 참여할 수 있는 순서는 없었다. 순간은 조금 아쉬웠 지만, 곧 그 이유를 깨달았다. 그날의 운동회에는 금메달도, 은메 달도 없었다. 모든 학년이 함께 어우러져 하나의 공동 프로젝트 를 완성하는 것이 목표였다. 승패를 가르는 경쟁이 아니라, 서로 도우며 하나의 장면을 만들어 가는 경험. 부모가 직접 뛰지 않았 지만, 우리는 그 안에서 아이들이 '함께하는 기쁨'을 배워 가는 모 습을 지켜볼 수 있었다. 성적표 대신, 아이가 얼마나 즐겁게 하루 를 보냈는지가 더 중요한 기준이 되었고, 비교가 아니라 각자의 속도와 방식으로 성장하는 모습을 학교는 진심으로 응원해 주고 있었다.

교장 선생님은 매일 아침 학교 앞에 서서 아이들을 맞이하셨 다. 비가 오든, 눈이 오든, 운동화에 물이 스며들든 말든, 늘 같은 자리에서 환하게 웃으며 아이들을 맞아 주셨다.
"잘 왔다, 오늘도 좋은 하루 보내자."
짧지만 따뜻한 인사였다. 그 인사 한마디에 아이들은 자신이 반가운 존재라는 걸 느꼈고, 어른의 눈빛 하나, 목소리 하나가 아 이의 하루를 얼마나 따뜻하게 시작하게 해 주는지를 나는 그 모

경쟁 없는 운동회 ⓒ권현서

습을 통해 다시금 깨달았다.

아침 인사는 단지 한 장면에 불과했다. 교장 선생님은 아이들을 진심으로 아끼셨고, 그 마음은 학교 곳곳에 자연스럽게 스며 있었다. 아이들이 자연과 가까이 지내기를 바라셨고, 배움이 교실 안에만 머물러서는 안 된다고 늘 말씀하셨다.

"공부는 책으로만 하는 게 아닙니다. 몸으로 부딪치고, 흙을 밟고, 바람을 느끼는 것도 중요한 공부입니다."

교정 한편에는 아이들이 가꾸는 작은 텃밭이 있었고, 아이들은 계절마다 직접 작물을 키웠다. 운동장 한편엔 바람에 흔들리는 바람개비가 있었고, 나무와 꽃의 이름을 붙인 작은 표지판도 아이들이 직접 만들었다. 교장 선생님의 철학은 늘 일관됐다. 아이들이 행복한 학교가 진짜 좋은 학교다. 나는 그 학교에서, 그리고 그 교장 선생님에게서, '공교육'이 어떻게 변할 수 있는지를 보았다. 관리자가 아니라 교육자로서 존재하는 한 사람의 리더가, 아이들의 일상과 학교의 풍경을 이렇게까지 따뜻하게 바꿔 놓을 수 있었다.

아이들은 제 손으로 씨를 뿌리고, 물을 주고, 손으로 잡초를 뽑으며 작물을 길렀다. 어느 날은 상추를 수확해 점심시간에 쌈을 싸 먹고, 또 어느 날은 감자를 캐면 그것이 급식 반찬으로 나왔다. 그것은 단순한 원예 활동이 아니었다. 그 과정에서 아이들은 '기다림'과 '책임', 그리고 '생명의 소중함'을 배워 갔다. 그 배움은 시험이나 수행평가로는 결코 측정할 수 없는 것이었다.

학교에서 제일 고참이라고 할 수 있는 5, 6학년들은 더욱 특별한 임무를 맡는다. 학교에서 임대한 400평 밭에서 수박과 참외를 재배하는 것이었다. 밭은 마을 주민이 빌려준 곳이었고, 농사는 아이들이 손수 지었다. 태풍이 지나간 뒤 쓰러진 덩굴을 일으키고, 날마다 물을 주며 지켜본 작물은 100여 통의 수박과 참외가 되어 돌아왔다. 아이들은 수확한 농작물을 지역 어르신들에게 나누고, 일부는 교사와 학부모에게 판매하여 수익을 얻었다.

5학년 아이들은 학급회의를 열어 수익금 100만 원을 제주 바다를 지키는 단체인 제주환경운동연합에 기부했다. 그들은 자신이 살고 있는 섬의 자연을 보호하고 싶다는 이유를 함께 나누었다.

6학년 학생들은 참외 농사로 번 수익금 40만 원을 항일 독립운동가 후손들에 대한 지원을 위해 전액 광복회에 기부했다.

"평화로운 일상을 가능하게 해 주신 분들께 감사하고 싶어요."

아이들이 회의에서 나눈 말이었다. 교과서가 아닌 밭에서, 수행평가가 아닌 삶 속에서 아이들이 배운 연결의 교육이다. 제주형 자율 학교가 추구하는 마을과 함께하는 생태 환경 프로젝트, 학생 자치 기반의 결정, 가치 중심의 배움이 모두 살아 숨 쉬는 장면이다. 아이들이 길러 낸 수박과 참외는 단순한 열매가 아니다. 그것은 공동체를 위한 실천의 매개체였고, 아이들은 경쟁 없이도 자랄 수 있다는 것, 시험이 아닌 행동으로 배움을 증명할 수 있다는 것을 보여 주었다.

학교는 오래된 건물이었다. 한라산이 내려다보이는 언덕 위에 있었다. 바람이 유난히 많이 부는 자리였다. 마치 바람이 지나는 길목처럼, 운동장을 가로지르는 바람을 맞을 때마다 이곳이 제주라는 것을 온몸으로 실감했다. 자연은 그 자체로 교과서였고, 놀이터였고, 교사였다. 햇살이, 구름이, 바람이, 그리고 흙과 식물이 아이들의 배움이 되었다. 100년 가까운 세월 동안 아이들을 품어 온, 다정한 공간. 잔디가 자라는 운동장, 모래가 깔린 놀이장, 그리고 아이들이 직접 그린 그림으로 채워진 복도가 있었다. 아이 친구의 부모님도 이 학교 출신이라고 했다. 동네 어르신들 중에도 구엄초등학교 출신이 많았다. 학교는 단지 어린이만 다니는 공간이 아니었다. 세대를 잇는 기억의 장소, 마을과 아이들을 이어 주는 매개였다. 제주에서 교육은 '삶'이었다. 오늘을 배우고, 함께 살아가는 방식을 익히는 매일의 과정이었다.

물론 불편한 점도 있었다.

학교는 집에서 멀었다. 걸어서 30분 이상, 차로도 15분은 걸렸다. 처음에는 그것이 불편하게 느껴졌지만, 이내 그 거리도 배움의 일부가 되었다. 차 안에서 나누는 짧은 대화, 창밖으로 보이는 바다와 구름, 그리고 날마다 조금씩 달라지는 풍경들이 소중했다. 가끔은 등굣길에서 만나는 돌고래를 기대하며 바다를 바라보기도 했다. 그렇게 우리는 '학교 가는 길'마저도 교육의 일부로 받아들이게 되었다.

이렇게 따스하고 친근한 학교는 어떻게 탄생했을까? 잔디 운동장과 텃밭, 아이들 손으로 채워진 복도, 세대를 이어 온 교정 속에는 단지 시간이 쌓인 것이 아니라, 어떤 철학과 신념, 그리고 사람들의 꾸준한 노력이 담겨 있다. 누군가는 '이런 학교는 원래부터 특별했을 거야.' 하고 생각할지도 모른다. 하지만 처음부터 그랬던 것은 아니다. 이곳 역시 수많은 선택과 실험, 때로는 좌절과 갈등을 지나 지금의 모습을 갖게 되었다. 이제 그 과정을 따라가려 한다.

제주형 자율 학교의
성공 요인

　제주형 자율 학교는 제도와 문화의 틀 속에서 이뤄 낸 공교육 혁신의 실험장이며, 지속 가능한 교육 자율화의 구체적 결과물이다. 전국 어디에서나 공교육 다양화에 대한 요구는 높지만, 실제로 이를 실현한 지역은 드물다. 제주가 달랐던 이유는 단순히 섬이라는 지리적 특수성 때문만은 아니다. 실험이 가능한 제도적 기반, 자율성을 유지할 수 있는 재정 구조, 학교의 시도를 정책으로 연결해 주는 행정 체계, 그리고 공동체 전체가 교육을 함께 책임지는 문화적 토대가 있었기에 가능했던 것이다.
　이 장에서는 제주형 자율 학교가 왜 가능했는지, 그리고 왜 지속될 수 있었는지를 제도적 기반과 문화적 기반이라는 두 축에서 살펴보고자 한다. 제주는 어떻게 '가능한 교육'을 만들어 냈는가. 그 실마리는 법과 예산, 행정, 그리고 사람들의 협력에서 시작된다. 이 장의 분석은 단지 제주만의 사례가 아니라, 한국 공교육의 미래를 고민하는 모든 이에게 의미 있는 길잡이가 될 수 있을 것이다.

제도적 기반:
자율성을 가능케 한 구조

제주형 자율 학교의 실험은 단순한 학교 차원의 선택이 아니라, 법과 제도의 뒷받침이 있었기에 가능한 일이었다. 「제주특별자치도 설치 및 국제자유도시 조성을 위한 특별법」 제216조는 제주도 교육감에게 전국에서 가장 높은 수준의 교육 자율권을 부여하며, 이 법령을 근거로 다양한 교육 실험이 제도적으로 가능해졌다.

제주형 자율 학교의 지정·운영 근거

법규범 수준	근거법령
법령	「제주특별자치도 설치 및 국제자유도시 조성을 위한 특별법」 제216조
대통령령	「제주특별자치도 설치 및 국제자유도시 조성을 위한 특별법 시행령」 제44조~제45조
행정규칙	「초·중등학교 교육과정」 [교육부 고시(제2022-33호) 및 국가교육위원회 고시] 「제주특별자치도 초·중·고등학교 교육과정」(제주특별자치도교육청 고시)

자치 법규	조례	「제주특별자치도 자율 학교심의위원회 구성 및 운영에 관한 조례」
	규칙	「제주특별자치도 자율 학교의 지정·운영 등에 관한 규칙」

 특히 제주에서는 자율 학교가 단순히 운영의 재량을 넓히는 데 그치지 않고, 교사 임용부터 학사 운영, 교육과정 구성, 입학 전형, 예산 활용 등 실질적 자율권을 행사할 수 있도록 '운영 특례' 제도가 마련되어 있다. 예를 들어, 교장 자격이 없는 인물도 학교의 철학과 필요에 따라 교장으로 임용될 수 있으며, 산학겸임교사 자격도 완화되어 지역 전문가들이 수업에 참여할 수 있는 길이 열려 있다. 교육과정 역시 학교가 독자적으로 재구성할 수 있으며, 일부 교과를 제외한 대부분의 영역에서 수업 시수를 50%까지 조정할 수 있다. 학기 시작 시점이나 수업일수 역시 자율적으로 운영할 수 있어, 학교가 지역의 상황과 교육 철학에 맞는 독창적인 시스템을 구성할 수 있다.

제주형 자율 학교의 운영 특례 내용

운영 특례 항목	적용 내용
교원 인사	교장·교감 자격 없어도 임용 가능, 산학겸임교사 자격 완화, 전보 유예 가능
교육과정	일부 교과 제외, 수업 시수 50% 내 조정 가능, 필수학점 재설계 가능
학사 운영	학년·학기 시작일 자율 결정, 수업일수 최대 20% 단축 가능
학교 운영	학교 운영위원회 구성 자율, 교과서 선택 자율
입학·전학	도교육감 재량에 따라 전형 절차 마련 가능
수당 지원	국공립 자율 학교 교직원 대상 특별수당 지급 가능

 이러한 제도적 자율성은 제주도 내 공교육 환경과도 맞물려 있다. 제주도는 전국에서 유일하게 사립 초등학교가 단 한 곳도 없는 지역이다. 이 말은 곧, 제주에서는 모든 교육 실험이 공교육 안에서 이루어질 수밖에 없다는 뜻이기도 하다. 이는 제도적 자율권이 '공교육 다양화'라는 방향으로 작동하게 되는 강력한 구조적 조건이 되었고, 제주형 자율 학교는 그 실험의 최전선이 되었다.

교육의 다양화는 아이디어나 교육자의 철학만으로는 이루어지지 않는다.

다양한 학교를 위한 필요 조건

구분	필요 조건	설명
제도적 조건	법·제도상 보장	자율 학교, 특성화 학교, 대안교육 인정 등 법적 근거
정책적 조건	교육청의 정책 설계와 의지	실행 가능한 정책 로드맵
행정적 조건	유연한 행정 시스템 운영	시수·예산·평가 등 규제 완화, 빠른 처리
학교 운영 조건	구성원 권한 보장	교사·학부모·학생의 의사 결정 참여
문화적 조건	실패 수용·책임 자율 문화	신뢰 기반의 실험 지원
공동체 기반	지역 사회 연계	마을교육공동체, 학부모 협의체 등
성과 관리 조건	대안 평가 체계 구축	수치 외의 성장 평가 가능성 확보

이를 지속 가능한 제도로 만들기 위해서는 법적 근거, 정책적 의지, 유연한 행정 시스템, 예산 구조, 그리고 지역 공동체의 참여가 필수적이다. 실제로 제주도교육청은 초·중등교육법의 여러 조항을 적용 제외받음으로써, 학교 설치와 폐지, 학급 편성, 성적 평가, 학교 운영위 구성, 교과서 선정 등 다양한 영역에서 고도의 자율권을 확보하고 있다. 이 법적 토대는 제주형 자율 학교가 단순한 실험이 아닌 제도적 모델로 기능할 수 있도록 만들어 주었다.

재정 구조:
실험을 지탱하는 예산의 힘

 자율은 의지만으로 실현되지 않는다. 교육의 실험은 구조를 필요로 하고, 그 구조는 예산이라는 현실적 토대 위에서 작동한다. 제주도는 매년 자율 학교 운영을 위한 별도 예산을 편성하고 있으며, 유형과 학급 수에 따라 차등적으로 지원하고 있다. 일반 제주형 자율 학교에는 기본 2800만 원이 지원되며, 학급 수에 따라 최대 700만 원까지 추가 지원이 가능하다. IB 학교의 경우에는 3500만 원의 기본 지원금이 배정되고, 다혼디배움학교 및 건강생태학교는 1400만 원을 기준으로 예산이 책정된다.

 예산은 단지 액수만 중요한 것이 아니다. 제주도는 자율 학교 예산의 '사용 기준'까지도 구체적으로 정해 두었다. 전체 예산의 90% 이상을 집행해야 다음 연도 예산을 유지할 수 있으며, 업무추진비나 간식비, 현장체험학습비 등의 비율도 제한된다. 이러한 관리 체계는 자율 학교가 예산을 목적에 맞게 사용하도록 유도하는 동시에, 학교별로 특색 있는 운영을 안정적으로 이어 갈 수 있도록 돕는 장치가 된다.

더불어 자율 학교 정책을 단순히 현장에 맡기지 않고, 교육청이 책임 있게 운영하고 있다는 점도 중요하다. 제주도교육청은 자율 학교 정책을 전담하는 부서를 운영하며, 연수, 평가, 모니터링 체계를 갖추고 있다. 같은 유형의 학교끼리 워크숍이나 실천 사례 공유회를 통해 지속적으로 철학과 방향을 정비하고, 정책의 일관성과 실천성을 유지하고 있다. 이는 단발성 지원이 아닌 생태계 구축이라는 측면에서 제주형 자율 학교가 갖는 큰 강점이다.

문화적 기반:
함께 배우는 섬, 제주

　제주형 자율 학교의 또 다른 성공 요인은 학교 바깥에 있다. 제주에서는 학부모와 마을이 교육의 주변인이 아니라, 교육의 공동 주체로 자리 잡고 있다. 서울에서는 학부모의 역할이 주로 상담 주간이나 급식비 납부로 한정되는 경우가 많지만, 제주에서는 학부모가 교사와 함께 교육과정을 기획하고, 수업에 참여하거나, 자신의 특기를 살려 직접 수업을 열기도 한다. 요리를 가르치거나, 제주어 동화를 읽어 주고, 지역 문화를 소개하는 등 교육의 확장선이 가정과 지역으로까지 넓혀진다.

　학부모를 위한 정책도 다양하다. 학부모 아카데미와 동아리 활동, 체험 사례 공모전, 원격 강좌 등은 학부모가 교육을 이해하고 직접 참여할 수 있도록 돕는 프로그램들이다. 특히 '아버지와 함께하는 체험 활동'이나 '책 읽는 가정', '함께 걷는 제주' 등은 교육을 삶 속에서 실천하려는 철학이 반영된 사례다. 이를 가능하게 한 것은 제주도교육청 산하 학부모지원센터의 역할 덕분이며, 학교와 학부모 간 신뢰의 구조가 형성된 덕분이다.

　무엇보다 제주 교육의 가장 인상적인 장면은 '마을이 학교가 되는 순간'이다. 구엄초, 납읍초, 사계초, 한림여중 등에서는 마을 활동가, 도서관, 지역 어르신, 상인들이 수업의 주체가 된다. 감귤밭에서 생태 수업을 하거나, 마을 브랜딩 프로젝트를 통해 지역을 이해하고 경제를 배우며, 아이들은 교실이 아닌 마을에서 '삶과 연결된 배움'을 경험한다. 이 모든 수업이 단지 체험으로 끝나지 않고, 정규 교육과정과 연결되어 있다는 점에서 제주형 마을교육공동체는 교육의 새로운 모델로 주목받고 있다.

2024년 기준 17개 학교가 마을교육활동가와 함께 협력 수업을 운영 중이며, 제주도교육청은 이를 위해 연수와 인력풀을 구축하고 있다. 이처럼 학교, 학부모, 마을이 유기적으로 연결되는 구조는 교육을 사회 전체의 책임으로 확장시키고, 아이의 배움을 삶의 중심으로 끌어올리는 데 기여하고 있다.

정리하자면, 제주형 자율 학교의 성공은 제도와 문화가 함께 작동했기 때문에 가능했다. 법이 허용하고, 예산이 뒷받침하며, 행정이 연결해 주고, 공동체가 함께 움직였기에 가능한 일이었다. 자율은 마음만으로 이루어지지 않는다. 공교육의 다양성이 단지 좋은 이상이 아니라 '가능한 제도'가 되기 위해 필요한 모든 조건이 제주에는 있었다. 그리고 그것이 바로, 우리가 제주에서 배워야 할 가장 큰 이유다.

마을공동체 선도학교 현황

년도	학교 수	제주시	서귀포시	비고
2020년	5교 (초3, 중2)	도리초, 제주북초, 한림여중	풍천초, 표선중	공모
2021년	5교 (초4, 중1)	도리초, 제주북초, 한림여중	사계초, 풍천초	
2022년	6교 (초5, 중1)	도리초, 제주북초, 한림여중	사계초, 풍천초, 대정초	학교 자율 선택 사업
2023년	10교 (초9, 중1)	구엄초, 도리초, 영평초, 제주북초, 재릉초, 종달초	대정초, 사계초, 풍천초, 대정중	
2024년	15교 (초10, 중4, 고1)	구엄초, 납읍초, 도리초, 영평초, 제주북초, 재릉초, 종달초, 노형중, 신엄중, 제주서중, 애월고	대정초, 사계초, 풍천초, 대정중	
2025년	17교 (초11, 중5, 고1)	구엄초, 납읍초, 도리초, 선흘초, 영평초, 재릉초, 제주북초, 종달초, 노형중, 신엄중, 애월중, 제주제일중, 제주중	대정초, 보목초, 사계초, 대정여고	

왜 다양한 공교육이 필요한가

　제주형 자율 학교의 핵심은 '다양성'이다. 단일한 교육 기준에 모든 학교를 맞추는 것이 아니라, 학교마다 서로 다른 철학과 방식, 프로그램과 공동체를 중심으로 교육을 재구성할 수 있도록 문을 연 것이다. 다른 시도에도 혁신 학교나 대안 학교 등 특색 있는 학교는 존재한다. 「초·중등교육법」을 기반으로 만들어진 제도. 제주의 제도적 기반은 '특별법'에 의해 공교육 틀 안에서 자유롭게 보장된 것이다.

　제주형 자율 학교의 시작은 2007년 'i-좋은학교'에서 출발했다. 학생의 삶과 배움을 중심에 둔 이 실험은 이후 '다혼디배움학교'로 진화했고, 2020년대에 들어서며 그 유형은 한층 더 다양해졌다. IB 학교의 도입은 국제 표준형 교육 실험이었고, 2023년부터는 글로벌역량학교, 놀이학교, 디지털학교, 마을생태학교, 문예체학교, 미래역량학교, 인성학교, 제주문화학교, 건강생태학교 등 총 15개의 유형으로 확장되었다.

2025년 현재, 제주형 자율 학교는 총 93개교에서 운영되고 있다. 학교급별로 보면 초등학교 69교, 중학교 18교, 고등학교 6교이며, 가장 많은 비중을 차지하는 유형은 다혼디배움학교(30개교)다.

제주형 자율 학교 연도별 도입현황

연도	종류
2007	i-좋은학교(종료)
2015	다혼디배움학교
2021	IB 학교
2022	건강생태학교
2023	인성학교, 문예체학교, 디지털학교, 놀이학교, 마을생태학교, 미래역량학교, 제주문화학교
2024	글로벌역량학교
2025	미래기술인재학교, 발명학교, 세계시민학교, 창의융합학교

각 유형은 단순한 테마나 주제 중심의 프로그램이 아니라, 학교 전체의 운영 방식과 철학을 새롭게 구성한 '교육 모델'이라 할 수 있다. 놀이학교는 놀이를 통해 배움이 이뤄지는 공간으로 수업 시간 자체가 유연하게 구성된다. 디지털학교는 디지털 리터러시, 인공지능, 프로그래밍 등의 미래형 교육 역량을 강화하며, 문예체학교는 예술적 감수성과 신체 활동 중심의 교육과정을 통해 정서적 안정과 창의력을 동시에 키우는 것을 목표로 한다.

'다혼디배움학교'는 현재 초·중·고를 합쳐 총 37개교에서 운영되고 있으며, 2015년부터 시작된 이 유형은 제주형 자율 학교의 중심축이라 할 수 있다. '다혼디'는 제주어로 '다 함께'를 뜻한다. 이 이름에는 공동체 중심 교육에 대한 철학이 녹아 있다. 학생, 교사, 학부모, 마을이 다혼디 즉 '함께' 배움의 주체가 되어 가는 학교가 되는 것이다.

마을생태학교나 제주문화학교는 특히 지역과 밀접하게 연결된 모델이다. 학생들은 학교 교실을 넘어 마을 전체에서 배움을 경험하며, 제주 고유의 문화, 생태, 공동체를 교육과정 안에 녹여 낸다. 미래역량학교는 AI 시대의 핵심 역량인 협업, 문제 해결, 자율학습을 중심으로 교육과정을 재구성하고 있으며, 인성학교는 회복적 생활교육, 감정 코칭, 학생 자치의 강화에 초점을 맞추고 있다.

IB 학교는 국제 바칼로레아(International Baccalaureate) 과정을 공교육 체계에 정착시키기 위한 실험이며, 이는 교육의 국제화뿐 아니라 평가 패러다임 전환이라는 측면에서도 주목할 만하다. 성적 중심의 서열화된 평가가 아닌, 자기 성찰적 글쓰기, 탐구 기반 보고서, 발표 중심의 수행 중심 평가가 IB 학교의 중심이다. 또한, 건강생태학교는 생태 감수성과 몸의 회복을 중요한 교육 요소로 본다. 정기적인 야외 활동, 계절 따라 변화하는 생태 관찰, 식생활 교육이 학교의 중심이 되며, 이는 최근 교육에서 주목받는 '돌봄과 회복'의 흐름과 맞닿아 있다.

이렇듯 제주형 자율 학교는 단순히 '프로그램' 몇 개를 더한 학교가 아니다. 학생을 '입시 수험생'이 아닌 '삶을 사는 주체'로 바라보는 교육 패러다임 전환의 실험이며, 학교를 폐쇄된 공간이 아니라 지역 사회와 연결된 살아 있는 생태계로 재구성하려는 시도다.

제주형 자율 학교의 유형별 주요 내용

유형(지정연도)	핵심 특징
다혼디배움학교 (2015)	민주적 학교문화, 협력학습, 마을 연계, 교사-학생-학부모 공동 운영
놀이학교 (2023)	놀이 중심 수업, 유연한 시간 운영, 자발적 배움, 또래 놀이·두뇌 놀이 강화
디지털학교 (2023)	디지털 리터러시, SW·AI 교육 중심, 삶과 연계된 디지털 융합 교육
문예체학교 (2023)	예술·신체 활동 중심, 정서 안정, 창의력 향상, 문화예술 동아리와 특화 프로그램 운영
마을생태학교 (2023)	마을의 역사·자연·문화를 기반으로 한 생태 체험 교육, 학교와 마을의 밀접한 연계 교육
제주문화학교 (2023)	제주 고유 문화 및 자연·역사 기반 교육과정 운영, 학생의 진로·학업과 연계한 제주 이해 교육 실현
건강생태학교 (2022)	마을과 생태를 기반으로 한 건강 생태 교육, 야외 활동·식생활 교육 중심, 몸과 삶의 회복 강조
글로벌역량학교 (2024)	다양한 세계관·문화 이해, 외국어 소통 역량 강화, 의사소통과 문제 해결 중심 수업 운영
미래역량학교 (2024)	협업·문제 해결·자율학습 중심 수업, 디지털 기본 소양 및 미래 핵심 역량 교육 강화
미래기술인재학교 (2025)	특성화고 기반 신산업·신기술 대응 교육, 산업 맞춤형 전문 인력 양성
발명학교 (2025)	발명 특화 프로그램, 창의적 문제 해결력 및 디지털 역량 강화

세계시민학교 (2025)	생태 감수성, 다양한 문화에 대한 이해, 공동체 의식 기반의 세계 시민 역량 강화
인성학교 (2023)	회복적 생활교육, 감정 코칭, 협업·소통 기반 인성 역량 및 학생 자치 강화
창의융합학교 (2025)	지역성과 보편성 기반 창의 융합적 사고력, 지역·국가·세계와 공생하는 인재 육성
IB 학교 (2021)	탐구·글쓰기·발표 중심 수업, 수행 중심 평가, 국제공인 IB 교육과정 운영

물론, 이 모든 실험이 완벽한 것은 아니다. 학교 현장의 역량, 학부모의 수용성, 교사의 철학과 열정에 따라 온도차는 존재한다. 2024년 기준 학교생활 만족도 조사에 따르면, 제주 학생들은 전국 평균보다 높은 만족도를 보이고 있다.

'매우 만족' 비율: 제주 26.6%(전국 평균 22.2%)
'약간 불만족' 이하 비율: 제주 0.8%, 매우 낮음

이는 학생들이 학교생활 전반에 대해 긍정적인 태도를 보이고 있다는 뜻이며, 공교육 혁신의 성과가 학습 만족도로 나타난 예시다. 하지만 중요한 것은, 제주에서는 이러한 '공교육의 다양성 실험'이 제도적으로 가능하고, 실제로 지속되고 있다는 사실이다.

이는 다른 지역에서 보기 힘든 구조다. 타 시도에서는 혁신 학교조차도 제도적으로 '예외'나 '한시적 모델'로 취급받기 쉬운 반면, 제주에서는 자율 학교가 정책의 중심에 있다.

우리는 늘 '좋은 학교'를 찾는다. 하지만 누군가에게 좋은 학교가 다른 누군가에게도 좋은 학교일까? 좋은 학교는 하나일 수 없다. 좋은 학교란, 아이의 성향과 삶의 맥락, 가정의 가치관, 지역의 특성에 따라 다양하게 존재해야 하는 것이다. 그러나 지금까지의 한국 공교육은 그러하지 못했다.

표준화된 교과과정, 동일한 시간표, 정해진 교재와 시험으로 이루어져 있었다. 모든 아이가 같은 속도, 같은 방식으로 배우기를 요구받아 왔다. 그 결과, 많은 아이들이 학교에서 '나'를 잃었다. OECD는 '학교 만족도'와 '삶의 만족도' 조사에서 한국 학생들이 최하위권에 속한다고 보고했다. 한국 아동 청소년의 삶의 만족도는 OECD 평균보다 1.1점 낮고, 자살률은 OECD 국가 중 1위다(OECD, Education at a Glance, 2021). 이는 단지 정서적 문제가 아니라, 획일적인 교육 시스템이 아이들의 다양성과 주체성을 억누르고 있다는 경고이기도 하다.

'모두를 위한 같음'이 아닌,
'각자에게 맞는 다름'

과거의 공교육은 '보편성'을 최우선 가치로 삼았다. 이는 일정 부분 성과를 낳았다. 문해율은 비약적으로 향상되었고, 누구나 학교에 다닐 수 있는 기반이 마련되었다. 그러나 시간이 흐르며 그 보편성은 점차 획일성으로 변질되었다. 한국은 국제학업성취도평가(PISA)에서 읽기, 수학, 과학 성취도가 모두 OECD 평균을 상회하는 국가다. 실제로 2022년 기준, 한국 학생의 평균 점수는 읽기 515점, 수학 527점, 과학 528점으로, 각각 OECD 평균인 읽기 476점, 수학 472점, 과학 485점을 크게 웃돈다.

그러나 겉으로 드러난 높은 성취도 이면에는 심각한 격차가 존재한다. 사회경제적 배경에 따른 학업 성과 격차는 매우 큰 수준이다. 상위 25%와 하위 25% 가정 배경 학생 간 수학 성취도 격차는 97점에 이르며, 이는 PISA가 측정한 국가 중에서도 높은 편에 속한다. 이 격차는 한국 내 전체 수학 점수 분산의 약 13%를 설명하며, 이는 OECD 평균치(15%)와 유사한 수준이다.

뿐만 아니라, 학습 동기와 웰빙 지표는 여전히 OECD 평균을 밑돌고 있다. 한국 학생들은 조기 학업 중단율이 낮은 편임에도 불구하고, 삶의 만족도와 학교 만족도는 하위권에 머무르고 있으며, 아동·청소년 자살률은 OECD 국가 중 최상위권에 해당한다. 이는 공교육의 획일성이 학생들의 정서적 안정과 심리적 발달을 저해하고 있다는 증거로 해석할 수 있다.

학교 간 학업 성취도 편차 또한 큰 편이다. 지역, 학교 유형, 학급 규모에 따라 교육의 질과 성과는 현저히 달라지며, 이로 인해 학생 간 교육 기회의 형평성은 약화되고 있다. 여기에 더해, 높은 사교육 의존도는 공교육의 기능을 더욱 약화시키고 있다. 실제로 가정의 경제력과 문화자본이 학업 성취의 결정적 요인이 되고 있으며, 이는 결국 공교육이 '공정한 출발선'을 제공하지 못하고 있다는 현실을 드러낸다.

획일적인 교육 시스템은 특정한 가정 배경을 지닌 아이들에게는 유리하게 작용하지만, 다양한 특성과 조건 속에 놓인 아이들에게는 오히려 장애가 될 수 있다. '평등'이라는 이름으로 모든 아이에게 같은 교육을 제공하는 방식은, 실질적으로는 사회적 불평등을 강화하는 결과로 이어진다.

이제는 변화가 필요하다. 진정한 평등은 모두에게 똑같은 것을 제공하는 것이 아니라, 각자에게 필요한 것을 다르게 제공하는 데서 실현된다. 공교육은 이러한 '다름'을 실현할 수 있어야 하며,

다양성은 선택의 문제가 아니라 국가가 책임져야 할 의무로 접근해야 한다.

AI 시대, 아이들은 생각하고 질문하는 힘을 키워야 한다.

'다름'을 인정하지 않는 교육 안에서, '같음'은 안정이 아니라 억압이 되었다. 과거 공교육은 '보편성'을 최우선 가치로 두었다. 이는 일정 부분 성과를 낳았다. 문해율이 향상되었고, 누구나 학교에 다닐 수 있게 되었다. 그러나 그 보편성은 점차 획일성으로 변질되었다. 국가인권위원회(2021)는 '학생의 교육받을 권리'를 보장하기 위해 "획일적 교육과정이 아닌, 다양성과 선택권을 보장하는 공교육 체계로의 전환"을 권고했다. 이는 「교육기본법」 제4조 1항, "교육은 인간의 존엄성과 개성을 실현할 수 있도록 해야 한다."라는 기본 정신과도 맞닿아 있다. 진정한 평등은 모두에게 똑같은 것을 주는 것이 아니라, 각자에게 필요한 것을 다르게 제공하는 데 있는 것이다. 어떤 아이는 예술로, 어떤 아이는 과학으로, 어떤 아이는 자연 속에서, 또 어떤 아이는 토론과 협업 속에서 빛날 수 있다.

공교육은 그런 '다름'을 가능하게 해 줘야 한다.

교육 다양화란, 교육을 '선택'의 사치로 치부하는 것이 아니라,

'국가가 책임져야 할 보편적 권리'로 다시 정의하는 일이다. 한국교육개발원(KEDI, 2022)은 "교육에서의 다양성 확보가 학습동기와 사회정서 역량, 시민성 발달에 긍정적 영향을 미친다."라고 분석했다. 실험 학교 및 대안 학교 학생들은 자율성과 공동체 의식 향상 측면에서 유의미한 성과를 보이고 있다는 점이 주요 근거다.

표준화된 교육으로는 다가올 미래를 준비할 수 없다. 지금의 교육제도는 산업화 시대에 최적화된 시스템이다. 빠르고 정확하게 지시를 이행할 수 있는 인재, 정해진 문제를 잘 푸는 인재를 양성하는 데 초점이 맞추어져 있었다.

그러나 오늘날의 사회는 전혀 다른 능력을 요구한다. 정답이 정해지지 않은 문제를 정의하고, 다른 사람과 협력하며, 비판적으로 사고하고 창의적으로 대응하는 역량이 필요하다. 세계경제포럼(WEF)은 2025년 미래 인재에게 필요한 핵심 역량 상위 5개 중 4개를 '비정형 문제 해결력, 자기주도성, 팀워크, 창의력'으로 제시했다. 이러한 역량은 획일적인 시험 중심 시스템으로는 길러질 수 없다. 서울대학교 교육종합연구원(2021)의 연구에 따르면, 다양한 학교 모델을 경험한 학생들은 '자기주도학습 역량'과 '사회적 참여 의지' 면에서 일반 학생보다 유의미하게 높은 점수를 기록했다. 이는 교육의 다양성이 단지 '이상적인 담론'이 아니라, 실증적 효과가 입증된 교육적 접근임을 보여 주는 사례다.

제주형 자율 학교 유형별 학교 목록

운영 유형	초	중	고
건강생태학교	선흘초	-	-
글로벌 역량학교	저청초, 제주남초, 평대초, 신례초, 신산초, 창천초	-	-
놀이학교	수원초	-	-
다혼디 배움학교	광양초, 구엄초, 귀덕초, 납읍초, 대흘초, 세화초, 애월초, 일도초, 제주서초, 종달초, 한천초, 대정서초, 대정초, 덕수초, 무릉초, 사계초, 하원초, 흥산초	김녕중, 세화중, 오름중, 저청중, 제주동중, 제주중, 조천중, 한림여중, 대정중, 무릉중, 안덕중	서귀산과고
디지털학교	한림초, 법환초, 서호초, 안덕초	-	-
마을생태학교	우도초, 재릉초, 도순초, 수산초, 예래초, 태흥초, 하례초	우도중	-
문예체학교	구좌중앙초, 북촌초, 송당초, 영평초, 하도초, 남원초, 서귀중앙초, 서귀포초	효돈중	-

미래기술인재학교	-	-	한림공고
미래역량학교	고산초, 물메초, 신창초, 오라초, 보성초, 의귀초	-	제주중앙여고
발명학교	서귀서초	-	-
세계시민학교	토평초	-	-
인성학교	더럭초, 동남초, 서귀북초	-	-
제주문화학교	금악초, 성읍초	-	대정고
창의융합학교	-	-	제주과학고
IB 학교	장전초, 제주북초 가마초, 보목초, 성산초, 시흥초, 온평초, 토산초, 표선초, 풍천초, 한마음초	제주사대부중, 제주중앙여중, 애월중, 성산중, 표선중	표선고

섬과 수도가 공교육을
풀어내는 방법

　대한민국의 공교육은 하나의 국가 체계 안에서 운영되지만, 그 체계가 지역별로 작동하는 방식은 매우 다르다.
　같은 법령과 교육과정을 따르더라도, 교실 풍경, 학교 문화, 학부모의 기대와 요구는 지역마다 뚜렷하게 달라진다.
　이러한 차이는 특히 서울과 제주에서 가장 극명하게 드러난다.
　서울은 높은 인구 밀도와 치열한 입시 경쟁, 사교육 의존도가 높은 환경으로 대표되는 반면, 제주는 실험적이고 자율적인 공교육 모델이 활발히 운영되는 지역으로, 교육의 '다름'을 제도화하려는 시도가 꾸준히 이어지고 있다.
　제주형 자율 학교를 포함한 이 지역의 교육 실험을 설명하기 위해, 대한민국 교육의 중심이자 가장 빠르게 변화하는 대도시인 서울을 비교 기준으로 삼았다.

서울은 대입 중심의 경쟁 체제를 유지하면서도 혁신 교육을 제도 안에서 시도하는 대표적인 지역이며, 제주는 특별법에 따른 자율성과 지역성을 바탕으로, 기존 교육 체계 밖에서 새로운 교육을 상상하고 실천하는 공간이다.

이 두 지역은 한국 교육의 서로 다른 가능성을 상징한다.

따라서 서울과 제주의 공교육을 비교하는 일은 단순한 지역 비교가 아니라, 한국 공교육이 나아가야 할 방향과 조건을 재정립하는 일이기도 하다.

규모와 밀도의 차이

초·중·고 학생 통계

구분	전체	서울	제주
학생(명)	513만 2180	76만 6206	7만 7643
학교 수(개)	1만 1835	1317	189
학급 수(개)	23만 4973	3만 4432	3421

출처: 한국교육개발원 교육통계서비스(https://kess.kedi.re.kr)

2024년 현재 대한민국 전체 초·중·고등학교 학생 수는 약 513만 명이다. 이 중 서울은 약 76만 명, 제주는 약 7만 7천 명으로 나타났다. 학생 수 기준으로 보면, 서울은 전체의 약 15%를 차지하며, 제주도는 약 1.5% 정도의 비중을 보이고 있다. 학교 수는 전국에 총 1만 1835개의 초·중·고등학교가 운영되고 있으며, 서울은 1317개, 제주는 189개의 학교가 있다. 서울은 상대적으로 높은 인구 밀집도를 반영하듯 많은 수의 학교가 밀집해 있으며, 제주는 도서지역 특성과 낮은 인구 밀도에 따라 학교 수가 적은 편이다. 학급 수는 전국적으로 23만 4973개, 서울은 3만 4432개, 제주는 3421개다. 이를 학생 수 대비 학급 수로 환산해 보면, 전국 평균은 학급당 약 21.8명, 서울은 약 22.2명, 제주는 약 22.7명으로 나타나, 제주가 전국 평균보다 학급당 학생 수가 다소 높은 편이다.

이는 학교 수 대비 학생 수가 상대적으로 많거나, 소규모 학교가 적은 구조에서 기인한 결과일 수 있다. 제주는 규모는 적지만 학생 수나 학급 수에서 결코 작지 않은 비중을 차지하며, 교육 인프라 측면에서 독자적인 구조와 과제를 안고 있는 지역임을 알 수 있다. 그러나 단순한 규모만으로 지역 교육을 가늠할 수는 없다. 오히려 학생 수 대비 학교 수, 학급당 학생 수, 교사 1인당 학생 수 등 구조적 지표가 교육의 질을 결정짓는다.

학급당 학생 수

2023년 학급당 학생 수(명)

	전국	서울	제주
초등학교	20.7	21.3	21.2
중학교	24.6	23.8	25.4
고등학교	22.9	23.0	25.4

출처: 한국교육개발원 교육통계서비스(https://kess.kedi.re.kr)

학급당 학생 수는 총 학생 수를 학급 수로 나눈 값으로 산출된다. 2023년 기준 전국의 학급당 평균 학생 수는 학교급에 따라 차이를 보인다. 초등학교는 20.7명, 중학교는 24.6명, 고등학교는 22.9명으로 나타났다. 서울의 경우 초등학교는 21.3명, 중학교는 23.8명, 고등학교는 23.0명으로, 전국 평균과 유사한 수준이거나 소폭 높은 편이다. 반면 제주도는 초등학교 21.2명, 중학교 25.4명, 고등학교 25.4명으로, 중등교육 단계에서 전국 평균보다 높은 학급당 학생 수를 보인다.

이는 제주 지역의 중학교와 고등학교가 상대적으로 학교 수에 비해 학생 수가 많다는 구조적 특성을 시사한다. 특히 중학교와 고등학교 모두 전국 평균보다 약 2.5명 더 많은 인원이 편성되어 있어, 학생 개별 지도를 위한 교육적 배려가 더 필요한 지역임을 보여 준다.

이러한 수치는 제주형 자율 학교가 지향하는 학생 중심 교육과 맞춤형 수업의 실현 가능성과도 깊이 연결된다. 학급당 학생 수가 교육 여건을 결정짓는 중요한 지표 중 하나라는 점에서, 제주 지역의 교육 정책은 수치적 현실과 교육적 이상 사이의 균형을 모색해야 한다.

교원 1인당 학생 수

2023년 교원 1인당 학생 수

	전국	서울	제주
전체 교원 수 (2024년)	50만 9242	7만 3004	7257
초등학교	13.3	13.5	13.2
중학교	11.6	11.7	11.8
고등학교	9.8	10.0	10.7

출처: 한국교육개발원 교육통계서비스(https://kess.kedi.re.kr)

교원 1인당 학생 수는 한 명의 교사가 평균적으로 맡고 있는 학생 수를 의미한다. 이 지표는 총 학생 수를 교원 수로 나누는 방식으로 산출되며, 교육 여건과 교사의 업무 부담을 가늠할 수 있는 핵심적인 수치다.

2023년 기준, 전국 초등학교의 교원 1인당 학생 수는 13.3명, 중학교는 11.6명, 고등학교는 9.8명으로 나타났다. 이를 통해 학교

급이 높아질수록 한 교사가 담당하는 학생 수는 상대적으로 줄어드는 경향을 확인할 수 있다.

서울은 초등학교 13.5명, 중학교 11.7명, 고등학교 10.0명으로 전국 평균과 유사한 수치를 보인다. 반면 제주도는 초등학교 13.2명, 중학교 11.8명, 고등학교 10.7명으로, 고등학교 단계에서 교원 1인당 학생 수가 전국 평균보다 높게 나타났다. 이는 고등학교 교사 1명이 맡는 학생 수가 더 많음을 의미하며, 교과별 수업 시수와 학교 규모의 영향이 반영된 결과로 해석할 수 있다.

교원 1인당 학생 수는 단순한 숫자를 넘어 교육의 질과 개별화 수업 가능성, 나아가 교사 업무 환경의 적정성을 판단하는 데 중요한 기준이 된다.

재정적 기반 비교

2023년 학교급별 공립 학교 전출금 규모(단위: 억)

	전국	서울	제주
초등학교	86489	13720	1718
중학교	38084	6418	704
고등학교	35166	3613	704
합계	159739	23751	3126

출처: 지방교육재정알리미

학생 1인당 공교육비를 산정하는 방식에는 여러 기준이 존재한다. 교육통계청이나 OECD는 국가 전체의 교육예산을 기준으로 학생 1인당 공교육비를 산출하지만, 학교 현장에서 실질적으로 집행되는 교육비 규모를 파악하려면 도교육청이 공립 학교로 직접 이체한 전출금 총액을 학생 수로 나눈 수치가 보다 현실적인 기준이 될 수 있다.

이에 따라 저자는 2023년 기준 공립 학교 전출금 자료와 학생

수를 바탕으로 서울, 제주, 전국의 학생 1인당 공교육비를 비교하고자 한다.

2023년 기준, 제주특별자치도의 공립 학교 전출금 총액은 약 3126억 원이었으며, 학생 수는 7만 7643명이다. 이를 기준으로 환산한 1인당 공교육비는 약 402만 6천 원으로, 서울의 약 310만 원, 전국 평균 약 311만 원에 비해 약 90만 원 이상 높은 수준이다. 이 수치는 제주가 전국 평균에 비해 상대적으로 적은 학생 수와 작은 학교 규모를 가지고 있음에도, 단위 학생당 집중되는 공교육 재정이 크다는 점을 보여 준다.

이는 제주형 자율 학교가 다양성과 자율성을 바탕으로 한 교육 실험을 안정적으로 추진할 수 있는 중요한 재정 기반이 되고 있음을 뒷받침한다.

무엇보다 제주도는 「제주특별자치도 설치 및 국제자유도시 조성을 위한 특별법」에 따라 타 시도보다 높은 수준의 교육 자율권을 부여받고 있으며, 이를 기반으로 다양한 유형의 자율 학교를 직접 지정·운영할 수 있다.

제주형 자율 학교로 지정된 학교는 기본 운영비 외에 별도의 예산을 추가 지원받으며, 학교급·학급 수에 따라 가산 지원을 받는 구조다.

예를 들어, 제주형 자율 학교는 기본적으로 연간 2800만 원의 운영비를 지원받고, 학급 수에 따라 학급당 700만 원씩 추가 지원을 받을 수 있다.

이러한 재정 구조는 제주형 자율 학교가 획일적인 교육에서 벗어나, 각 학교의 철학과 지역 특성에 맞는 다양한 교육 실험을 안정적으로 운영할 수 있는 현실적 기반이 되어 준다.

재정적 여유가 단지 숫자의 크기에 있는 것이 아니라, 학교 단위에서 실질적으로 활용 가능한 자율적 재정 운용 구조로 연결되어 있다는 점에서 더욱 의미가 크다.

2024년 학생 1인당 월평균 사교육비 및 참여율

		전국	서울	제주
월 평균 사교육비 (만원)	초등학교	50.4	65.4	45.0
	중학교	62.8	81.2	55.2
	고등학교	77.2	102.9	63.5
참여율(%)	초등학교	87.7	93.1	82.5
	중학교	78.0	85.1	74.7
	고등학교	67.3	74.7	60.1

출처: 교육청

    2024년 기준, 제주의 학생 1인당 사교육비는 초등학교 45.0만 원, 중학교 55.2만 원, 고등학교 63.5만 원으로, 각 학교급 모두 전국 평균보다 낮은 수준을 기록하고 있다. 사교육 참여율 또한 전국 평균을 하회하며, 특히 고등학교의 경우 60.1%로 서울(74.7%)에 비해 크게 낮다. 이러한 수치는 단순히 경제적 사정이나 입시 경쟁의 정도뿐만 아니라, 사교육에 대한 접근성과 소비 경향 자체가 낮은 지역적 특성을 반영한다.

사교육이 교육 격차를 보완하거나 경쟁력을 확보하는 주요 수단으로 기능하지 않는 지역일수록, 공교육의 질과 내용이 더욱 결정적인 역할을 하게 된다.

이러한 맥락에서, 공교육 내에서 다양한 배움의 기회를 제공하는 제도적 장치와 구조의 확산이 필요하다.

제주형 자율 학교는 입시 중심의 획일적 교육에서 벗어나, 학교가 주체가 되어 창의적이고 다양한 교육과정을 운영할 수 있는 구조를 제도적으로 보장하는 모델이다.

이는 단지 실험적인 학교가 아니라, 사교육 의존이 낮은 지역에서 교육 격차를 방지하고, 학생 개개인의 성장 경로를 다변화하기 위한 공교육의 대안적 형태로 기능할 수 있다.

결국 사교육비가 낮은 현실은 공교육이 더욱 책임 있게 다양한 수요를 충족해야 할 필요성을 제기한다.

제주는 전국에서 사립 초등학교가 유일하게 없는 지역으로, 공교육의 질과 다양성이 곧 교육 전체의 질을 결정짓는다.

제주는 제한된 인구 규모와 분산된 학교 구조, 부족한 사교육 인프라라는 약점을 제도적 자율성과 집중적인 학생 1인당 공교육비 투자, 학교 단위의 다양성과 창의성 확보라는 방식으로 극복

해 왔다.

이러한 구조는 단순히 '작은 학교' 혹은 '지역 실험'의 성공 사례로만 머무르지 않는다.

서울처럼 사교육 의존도가 높고 교육 다양성이 제도적으로는 허용되지만 실제로는 획일화되는 대도시 공교육 구조에도 분명한 질문을 던진다.

즉, 공교육은 단순히 '모두에게 똑같은 교육'을 제공하는 체제가 아니라, 각 지역의 여건에 따라 '다르게 교육할 수 있는 자율성과 재정적 책임'을 함께 갖추는 방향으로 나아가야 한다는 사실을 제주가 증명하고 있는 것이다.

제주와 서울은 상반된 조건 위에 서 있으나, 서로를 비추는 거울이 된다.

제주의 다양성이 서울을 통해 제도화되고 확산될 수 있다면, 한국 공교육은 보다 입체적이고 탄력적인 구조로 진화할 수 있을 것이다.

작은 섬이 가능성을 열고, 수도가 그것을 제도화할 수 있다면, 한국 교육은 지금보다 더 나은 방향으로 움직일 수 있다.

제주특별자치도 학교 및 학생 현황 (2024년 기준)

	학교수	학생수	교원수	입학자	졸업자
총계	314	84084	7257	22872	23220
유치원	120	5405	430	3721	3636
초등학교	114	38671	3109	5538	7019
중학교	45	20139	1727	6933	6502
고등학교	30	18833	1787	6358	5743
일반고등학교	22	15585	1359	5212	4736
특수 목적 고등학교	2	397	60	143	123
특성화고등학교	6	2851	368	1003	884
특수학교	3	595	204	188	153
방송통신중학교	1	76	-	25	36
방송통신고등학교	1	365	-	109	131

출처: 한국교육개발원, 2024

제주 아이들은
다르게 자란다

Part 02

국제 바칼로레아, 제주에서 꽃을 피우다

제주에는 다양한 공교육 실험이 공존한다. 모두 공교육의 다양성과 가능성을 증명하는 중요한 사례들이다. 그중에서도 가장 먼저 소개할 이야기는 IB 학교다. IB는 현재 제주에서 가장 뚜렷한 성과를 내고 있는 실험이며, 가장 구체적이고 제도적으로 안정된 모델이다. 제주도는 '표선초-표선중-표선고' 초중고 연계형 IB 교육 모델을 만들어 냈다. 학생, 교사, 학부모, 마을이 함께 참여하는 교육 생태계는 더 이상 이상이 아니라, 실현 가능한 현실이 되었다.

그 결과는 교실 수업을 바꾸고, 평가 방식을 바꾸고, 아이들의 삶을 바꾸고 있다. 이 장에서는 IB가 왜 제주에서 시작되었고, 어떻게 정착되었으며, 그 안에서 어떤 변화와 과제를 마주했는지를 살펴보고자 한다. 공교육도 달라질 수 있다는 사실을, IB는 가장 분명한 방식으로 증명하고 있기 때문이다.

IB 학교란 무엇인가

　대한민국 교육의 기본 공식은 오랫동안 바뀌지 않았다. '지식을 빠짐없이 암기하고', '정해진 정답을 빠르게 찾는' 능력이 좋은 학생을 가르는 기준이었다. 그러나 그 기준은 점차 무너지고 있다. 인공지능은 지식을 더 빠르게, 더 정확하게 암기하고, 문제도 척척 풀어낸다. 이제 학교는 묻는다. "우리는 아이들에게 무엇을 가르쳐야 하는가?"

　이 질문에 가장 먼저 답을 내놓은 교육 체제 중 하나가 바로 '국제 바칼로레아(International Baccalaureate, IB)'다. 스위스 제네바에 본부를 둔 국제 바칼로레아 재단은 1968년부터 전 세계 학교에 공통 교육과정을 제공해 왔다. 현재 160개국 5800여 개교가 IB 인증을 받고 있다.

IB는 단순한 '외국 교육 프로그램'이 아니다. 지식의 양이 아니라 사고의 깊이, 정답을 맞히는 것이 아니라 질문을 던지는 능력, 시험을 통과하는 것이 아니라 삶을 살아가는 힘을 가르친다. 교실에서 아이들은 질문을 던지고, 자료를 찾고, 친구와 토론하고, 그 과정을 스스로 평가한다. '시험'은 특정 시간에 치르는 게 아니라, 매일의 수업과 수행 속에서 이뤄진다.

이처럼 IB는 단순히 수업 방식이 다른 것이 아니라, 교육에 대한 철학 자체가 근본적으로 다르다. 학교는 지식을 '전달'하는 곳이 아니라, 학생이 스스로 배움을 구성하는 '여정'의 공간이 되어야 한다는 관점을 중심에 둔다.

전인교육을 위한 10가지 성품
- IB 학습자상

IB가 지향하는 인간상은 지식인이 아니라, '전인'이다. 단순히 머리가 좋은 아이가 아니라, 생각하고, 배려하고, 책임질 줄 아는 인간을 길러 내는 것을 목표로 한다. 이를 위해 IB는 교육의 전 과정을 관통하는 10가지 핵심 성품(IB Learner Profile)을 제시한다.

탐구하는 사람	질문하고, 탐구하며, 배우는 것을 멈추지 않는다.
지식이 풍부한 사람	지식의 폭과 깊이를 갖추고 이를 실제 삶에 연결한다.
사고하는 사람	비판적이고 창의적으로 문제를 해결한다.
소통하는 사람	타인과의 소통을 존중하고, 경청하며, 협력한다.
원칙을 지키는 사람	정직과 책임, 도덕적 용기로 행동한다.
열린 마음을 지닌 사람	다양한 관점과 문화를 이해하고 존중한다
배려하는 사람	공동체에 기여하고, 타인을 위한 행동을 실천한다.
도전하는 사람	새로운 것을 두려워하지 않고, 모험하고 성장한다.
균형 잡힌 사람	학습, 감정, 신체를 조화롭게 가꾼다.
성찰하는 사람	스스로를 되돌아보고, 발전의 길을 찾는다.

이 학습자상은 단지 슬로건이 아니다. IB에서는 교과 성취도 못지않게 이러한 삶의 태도와 행동을 교육과 평가의 중요한 기준으로 삼는다. '어떤 지식을 가졌는가'보다 '어떤 인간이 되었는가'가 중요한 교육, 그것이 IB의 방향성이다.

IB 학교가 되는 과정
- 교육의 전환을 위한 제도적 준비

IB 교육과정을 운영하려면, 단순히 교재를 바꾸는 것으로는 부족하다. 학교의 철학, 교사의 역량, 제도와 행정까지 총체적 변화가 필요하다. 이를 위해 IB는 다음과 같은 인증 절차를 운영한다.

- 1단계 – 관심학교(Interested School): IB에 대한 도입 의사를 밝히고, IB 본부와 교육 정보를 교류한다.
- 2단계 – 후보학교(Candidate School): 약 18~24개월 동안 실제 교육과정을 준비하고, IB 컨설턴트의 평가를 받는다.
- 3단계 – IB 월드스쿨(IB World School): 정식 인증을 받은 뒤, 세계의 IB 학교들과 동일한 기준 아래에서 교육을 운영한다.

인증 이후에도 정기적인 평가와 교사 연수가 이어진다. IB 교육은 단발성 프로젝트가 아니라, 교육의 지속 가능한 전환을 요구하는 제도다. 학교가 교육철학을 품고 아이들을 기르는 진짜 의미의 교육기관이 되기를 요구한다.

국제 바칼로레아(IB) 교육과정은 연령과 발달 단계에 따라 세 가지로 구분된다. 초등학교에서 시작되는 PYP(Primary Years Programme), 중학교 시기의 MYP(Middle Years Programme), 고등학교 마지막 2년간의 DP(Diploma Programme)가 그것이다. 각각의 단계는 단절된 별개의 교육과정이 아니라, IB가 지향하는 교육철학을 나이에 맞게 단계적으로 구현한 하나의 연속체다.

가장 먼저 시작되는 PYP는 초등학교를 대상으로 한 프로그램이다. 만 3세부터 12세까지의 아동을 대상으로 하며, 한국 학교 체계에서는 초등학교 1학년부터 6학년까지의 시기를 포괄한다. 이 시기에는 무엇보다도 학습자의 호기심과 주도성을 존중하는 태도를 기르고, 세상에 대한 질문을 던지고 탐구하는 힘을 키우는 데 집중한다. 다양한 교과 내용을 통합해 의미 있는 주제 중심으로 수업을 구성하며, 학년이 올라갈수록 탐구의 수준도 점차 깊어지게 된다.

MYP는 중학교 단계에서 운영된다. 만 11세에서 16세까지, 대체로 한국의 중학교 1학년부터 고등학교 1학년까지 해당하는 연령대다. 이 시기의 교육과정은 교과 간 융합과 실생활 맥락을 강조하며, 학생들이 점차 자신만의 사고방식과 관점을 형성해가는 시기로 설계되어 있다. PYP가 학습의 기초 체력을 기르는 시기라면, MYP는 사고력과 공동체 의식을 확장하는 성장기라고 할 수 있다. 다양한 분야를 고르게 경험하면서도 스스로의 흥미와 관심을 탐색할 수 있는 기반을 마련하는 단계다.

DP는 고등학교 2학년부터 3학년까지, 만 16세 이상을 대상으로 하는 고등과정이다. 이 프로그램은 대학 진학 준비와 학문적 성장을 동시에 고려하는 고난이도 교육과정으로, 특정 교과의 전문성뿐 아니라 자기주도 학습 능력, 비판적 사고력, 그리고 공동체 참여 역량까지 종합적으로 요구한다. 단순히 시험을 잘 보는 학생이 아니라, 자신의 관심 주제를 깊이 있게 탐구하고, 글로 정리하고, 사회적 책임을 다할 수 있는 학생으로 성장시키는 것을 목표로 한다.

이렇듯 PYP에서 시작해 MYP를 거쳐 DP에 이르기까지, IB 교육과정은 학습자의 성장과 발달 단계에 맞춘 일관된 흐름을 가지고 있으며, 각 시기마다 교육의 핵심 목표와 방법이 유기적으로 연결되어 있다. 이 세 단계는 단순한 학교급 구분이 아니라, 학습자가 '지식 있는 세계시민'으로 성장하기 위한 교육 여정의 한 흐름이라 할 수 있다.

제주 IB 도입 배경과 방향

　제주도는 2021년, 전국 최초로 국제 바칼로레아(IB) 프로그램을 공교육 체제 안에 공식 도입했다. 이전까지 IB는 사립 학교나 외국인 학교의 전유물로 여겨졌고, 공교육에서는 현실적으로 도입이 어렵다는 인식이 강했다. 외국어 기반 교육, 고비용 인증 절차, 대학 입시와의 연계 부족, 그리고 교사 연수에 대한 부담 등이 주요한 이유였다.

　그러나 제주도는 이 벽을 넘었다. 'IB 교육과정을 한국어로 운영하는 것'을 골자로 한 K-IB(Korean IB) 모델을 개발하고, 제주도교육청과 국제바칼로레아 기구(IBO)가 직접 협약을 체결하며 제도적 기반을 마련했다. 이는 단순한 교실 수업의 실험이 아니라,

교육 행정 전체를 포함하는 공교육 혁신이자 시스템 수준의 변화였다. 왜냐하면 IB는 학생만이 아니라 교사, 학교, 교육청, 지역사회까지 함께 바꾸는 총체적인 교육 시스템이기 때문이다.

제주도교육청이 주목한 것은 한국 교육의 구조적 한계였다. 대한민국 교육은 오랫동안 수능 중심의 '정답 교육'에 갇혀 있었다. 한 개의 질문에 단 하나의 정답만을 요구하는 평가 체제 속에서, 학생들은 자신의 생각을 표현하기보다 정답을 암기하는 데 몰두해야 했다. 다양한 생각은 '틀린 것'으로 간주되었고, 그 속에서 아이들은 점차 생각하기를 멈췄다. 교실이 조용했던 이유는 집중 때문이 아니라, 아이들이 엎드려 자고 있었기 때문이었다.

제주 표선고등학교는 제주에서 최초로 IB를 도입한 학교다. 이 학교가 위치한 표선읍은 비평준화 지역이자 읍면 단위의 교육 소외 지역으로, 한때는 수년간 신입생 정원을 채우지 못해 폐교 위기에까지 놓였던 곳이다. 전교생의 대부분은 중하위권으로 분류되었으며, 수업 시간에 엎드려 자는 학생이 전체의 3분의 2에 이를 정도였다.

이런 학교에 IB 교육과정을 도입한 것은 매우 상징적인 결정이었다. 일반적으로 IB는 국제 학교나 특목고에서 운영하는 고급 프로그램으로 인식되었지만, 제주도교육청은 정반대의 길을 택했다. '잘되는 학교에 덧붙이는' 방식이 아니라, '가장 어려운 학교에서 가장 근본적인 변화'를 모색한 것이다.

제주도교육청이 바라본 대한민국 교육 제1과제는 평가 혁신이었다. 단순히 수업 방식이나 교과 내용을 바꾸는 것이 아니라, 아이들의 사고와 탐구, 표현을 존중하고 그것을 평가할 수 있는 새로운 기준을 만드는 것. 즉, 평가 체계를 바꾸는 일이야말로 진짜 교육개혁이라는 인식이었다.

그러한 맥락 속에서 IB는 단지 하나의 교육 프로그램이 아니라, 한국 공교육이 처한 구조를 흔드는 실험 도구가 되었다. 특히 수능의 영향력이 상대적으로 적은 읍면 지역의 고등학교에서 먼저 도입할 수 있었던 것도 이 때문이다. 수시 중심으로 대입을 준비하는 학교에서는 수능 중심 체제의 제약으로부터 어느 정도 자유롭기 때문이다.

도입 초기의 변화는 놀라웠다. 고등학교 1학년 학생들이 수학 기말 과제로 '이차함수를 이용한 스프링클러 배치의 효율성 분석', '방정식을 활용한 얼음 모양의 냉각 효율 비교', '드론 농약 살포의 최적 고도 계산' 등 자신만의 주제를 정해 A4 용지 10쪽이 넘는 탐구 보고서를 작성했다. 반복적인 문제 풀이에서 벗어난 새로운 수업 방식이 학생들을 바꾸기 시작한 것이다. 수학을 어려워하던 학생들 사이에서 "요즘 수학이 제일 재미있다."라는 말이 나올 정도였다. 그것은 단지 수업을 바꿔서 얻은 결과가 아니었다. 아이들에게 '생각할 기회'를 주었기 때문에 가능했던 변화였다.

도교육청은 이 흐름을 일회성 정책으로 끝내지 않기 위해 구조적인 전략을 수립했다. 단기적으로는 표선고가 IB 월드스쿨(IB World School) 인증을 받을 수 있도록 행정·재정적 지원을 아끼지 않았으며, 표선초·표선중·토산초에도 IB 교육 프로그램을 시범적으로 도입했다. 이들 학교는 현재 IB 후보학교로서 정식 인증 절차를 밟고 있다.

2021년에는 고등학교 1학년 대상의 Pre-DP(디플로마 프로그램 예비과정)를 운영하며 적응 과정을 마련하였고, 2022년부터는 표선고에서 본격적인 IB 디플로마 프로그램이 시작되었다.

중장기적으로는 성산·표선 지역을 중심으로 한 제주 동부권 IB 교육지구를 구축하는 것이 목표다. 온평초, 풍천초, 성산중 등이 신규 IB 학교로 지정되었으며, 이는 IB의 지역 확산 가능성을 보여 주는 중요한 이정표가 되고 있다. 제주도교육청은 IB가 단순한 학교 운영 방식을 넘어서, 대한민국 대입 체제를 전환할 수 있는 대안 모델이 되기를 기대하고 있다.

궁극적으로는 '코리아 바칼로레아(Korea Baccalaureate, KB)'로의 발전을 지향하고 있다. 이는 해외 교육과정을 단순히 가져오는 수준을 넘어, 한국 현실에 맞는 평가 체제와 교육 철학, 수업 문화를 종합적으로 재구성한 새로운 교육 체제를 의미한다.

제주에서 시작된 IB 실험은 단지 하나의 학교나 몇몇 교사의 시도를 넘어선다. 이는 평가 중심 교육의 한계를 넘어서기 위한 한국 공교육 전체의 도전이며, 그 출발점에는 '다름을 틀림으로 보지 않는' 교육 철학이 자리하고 있다.

제주 IB 현황

지정연도	구분	학교명(주소)	비고
2021	PYP(초등학교)	토산초 (서귀포시 표선면 토산중앙로 68-9) 표선초 (서귀포시 표선면 표선동서로 293)	IB월드 스쿨
2021	MYP(중학교)	표선중 (서귀포시 표선면 표선중앙로 31)	IB월드 스쿨
2021	DP(고등학교)	표선고 (서귀포시 표선면 표선중앙로 22-15)	IB월드 스쿨
2022	PYP(초등학교)	온평초 (서귀포시 성산읍 일주동로 4740) 풍천초 (서귀포시 성산읍 풍천로 18) 제주북초 (제주특별자치도 제주시 중앙로8길 18)	IB월드 스쿨
2022	MYP(중학교)	성산중 (서귀포시 성산읍 일주동로 4316)	IB월드 스쿨
2023	PYP(초등학교)	성산초 (서귀포시 성산읍 한도로 217) 시흥초 (서귀포시 성산읍 시흥상동로 113) 한마음초 (서귀포시 표선면 한마음초등로 408)	IB월드 스쿨

2023		가마초 (서귀포시 표선면 일주동로6285번길 8)	후보 학교
2024	PYP(초등학교)	장전초 (제주시 애월읍 장전로 122)	후보 학교
2025	PYP(초등학교)	보목초 (서귀포시 마소물로8번길 9)	후보 학교
	MYP(중학교)	애월중 (제주시 애월읍 애로15길 8) 제주사대부중 (제주시 용담삼동 용담로7길 33) 제주중앙여중 (제주시 서사로11길 8)	관심 학교

출처: 제주교육청 재편집

© OpenStreetMap contributors

초반에는 서귀포 지역 위주로 IB 학교 지정이 되었고, 현재는 제주시로 확산되는 중이다.

표선 IB 학교 이야기: 생각을 꺼내는 수업의 연대기

제주 IB 교육의 가장 뚜렷한 변화는 '수업'과 '평가'의 방식에 있다. 표선고등학교의 한 교사는 이를 "기존의 수업이 '가르침'이라면, IB 수업은 '함께 탐색하는 대화'에 가깝다."라고 표현했다. 수업은 지식을 전달하는 일방향 구조가 아니라, 중심 질문을 기반으로 아이들이 주제를 탐색하고 서로의 생각을 나누는 과정으로 설계된다. 탐구 활동, 글쓰기, 토론, 자료 조사가 연결되며, 교사는 정답을 알려 주는 사람이 아니라 질문을 던지고 이끌어 주는 조력자가 된다.

IB에서 평가란, 학생이 스스로 주제를 정해 탐구 보고서를 작성하거나 발표를 통해 자신의 이해를 설명하는 과정이다. 정답

여부가 아닌 이해의 깊이와 표현의 설득력이 평가의 중심이다. 실제로 표선고에서는 '기후변화 대응을 위한 지역 단위 정책 제안', '제주 4·3 사건을 다양한 시각에서 재해석한 에세이', '지역 식문화 조사와 인포그래픽 제작'과 같은 수행 중심 과제가 평가로 이뤄졌다. 이는 단지 학습을 넘어서 삶과 사회를 통합적으로 바라보는 관점을 기르는 교육이기도 하다.

IB 교육의 변화는 학교 안에만 머무르지 않는다. 학부모와 지역 사회의 인식도 함께 달라지고 있다. 도입 초기에는 "영어로 공부해야 하나요?", "이걸 하면 대학 못 가는 거 아닌가요?"와 같은 오해와 우려가 컸다. 그러나 수업이 시작되고 아이들의 변화가 감지되면서 반응도 달라졌다. 표선고의 한 학부모는 "처음엔 불안했지만, 요즘은 시험 점수보다 아이가 무슨 생각을 하고 있는지가 더 중요하게 느껴진다."라고 말했다.

IB는 단순한 국제화 교육이 아니다. 탐구, 사고, 의사소통, 배려, 자기주도성과 같은 IB의 핵심 철학은 오히려 우리가 잃어버렸던 교육의 본질에 더 가깝다. 입시 경쟁에 묻혀 있던 '교육의 목적'이 다시 떠오르고 있는 것이다. 성적이 아닌 성장을 중심에 둔 교육은 아이들뿐 아니라 부모에게도 교육에 대한 새로운 신뢰를 심어 주고 있다.

제주도의 IB 도입은 세 개의 학교, 즉 표선초등학교(PYP), 표선중학교(MYP), 표선고등학교(DP)를 중심으로 초·중·고가 연계된 국내 최초의 IB 교육 모델로 발전하고 있다. 이 연계 모델은 단지 새로운 수업 기법을 도입한 것이 아니라, 학교의 철학과 구조, 운영 방식, 공동체의 작동 방식까지 모두 바꾸는 전면적 시도다.

표선초등학교는 IB PYP 운영 3년 차인 2023년에 자체평가 보고서를 발표하며, 학교가 지향해 온 비전이 '더 나은 세상을 위한 협력과 탐구'에 있다는 점을 명확히 밝혔다. 이 학교에서 배움은 더 이상 교실 안에만 머무르지 않는다. 교사는 전문적학습공동체를 통해 단원을 공동 설계하고, 학부모는 단원 안내서를 통해 수업 과정에 능동적으로 참여하며 학교와 가정이 함께 교육을 만들어 간다. 수업은 AI-CI라는 4단계 구조(관심-탐구-적용-실행)를 기반으로 개념을 중심에 두고 진행되며, 모든 학년이 함께 탐구 결과를 나누는 'Sunshine Day'는 아이들의 배움을 교실 밖으로 확장시킨다. 한 학생은 "내가 배운 것을 친구에게 설명할 수 있어서 좋았다."라고 말했고, 학부모의 84.3%가 교육에 만족한다고 응답했다. 이처럼 표선초는 점수나 등수를 넘어, 아이들의 성장을 이야기로 기록하는 학교로 변화하고 있다.

표선중학교는 '생각하는 교육, 꺼내는 교육'을 모토로 IB MYP를 운영하고 있다. 이 학교에서는 단순한 지식 전달을 넘어, 개념의 이해와 확장을 중심으로 수업이 설계된다. 예를 들어 '우리 마을의 미세먼지를 줄이자'는 주제로 과학, 사회, 기술 교과가 함께 진행되는 간학문 프로젝트는 문제 해결 중심의 탐구 활동이 어떻게 교과 간 연결을 통해 이루어지는지를 잘 보여 준다. 평가 또한 기존의 점수 중심 방식에서 벗어나, 루브릭 기반의 수행평가, 자기 성찰 일지, 피드백 중심 평가가 중심이 된다. 학교는 이러한 변화 과정을 '적응기-수립기-숙성기-확산기'의 4단계 계획에 따라 실천하고 있으며, 그 과정 속에서 학생은 탐구자, 교사는 조력자, 학교는 실험실이 되어 가고 있다.

표선고등학교는 제주에서 유일하게 IB DP를 운영하는 고등학교다. 입시 중심의 교육 체계 속에서 이 학교는 '사고하는 사람'을 기르는 데 집중하고 있다. 수업은 강의 위주에서 벗어나 학생이 주도하는 탐구, 토론, 발표로 구성되며, 루브릭과 피드백 중심의 평가 체계를 도입해 학생의 사고 과정과 성장에 초점을 맞춘다. 독립 연구 과제인 EE(Extended Essay), 지식의 본질을 탐구하는 TOK(Theory of Knowledge), 지역 사회와 연계한 봉사활동인 CAS(Creativity, Activity, Service)는 탐구와 표현, 실천이 유기적으로 연결되도록 설계되었다. 학생들은 "힘들지만 내 생각을 말할 수 있어 좋다."라고 말했고, 교사들은 "수업을 다시 정의하게 되었다."라고 응답했다. 이 학교에서 IB는 단순한 교육과정이 아니라 학교의 문화이자 철학으로 자리 잡고 있다.

이러한 변화는 교육뿐 아니라 지역 사회에도 영향을 미치고 있다. IB가 도입된 2021년 이후 표선면의 인구는 1만 2325명에서 2024년 기준 1만 2762명으로 증가했다. 농어촌 지역에서는 보기 드문 순유입 현상이며, 이는 IB 도입 이후 학교에 대한 만족도가 높아지면서 교육을 목적으로 이주하는 가족들이 늘어난 결과로 해석된다.

제주에서 시작된 IB 실험은 이제 지역을 넘어 대한민국 교육 전체를 향한 질문으로 확장되고 있다.

성공 배경: 정책, 교사, 학부모, 공동체

표선 학군이 주목받는 이유는 단순히 IB 인증이나 외형적 성과 때문만은 아니다. 이 지역의 교육이 '지속 가능성'이라는 이름 아래, 조용히 그리고 꾸준히 실천되어 왔기 때문이다. 그 안에는 세 가지 중요한 요인이 있었다.

첫째, 지역 내에서 초등학교부터 고등학교까지 자연스럽게 이어지는 연계 구조가 교육의 일관성을 가능하게 했다. 초등학교에서 시작된 배움의 경험은 중학교, 고등학교로 자연스럽게 이어지고, 학생들은 같은 맥락 안에서 자신의 관심사와 강점을 발전시켜 나갈 수 있었다. 학교 간에 교육 철학이 공유되고, 수업 방식이 이어진다는 것은 생각보다 큰 힘을 가진다. 아이들은 학년이 바뀔

때마다 새로운 환경에 적응하는 데 에너지를 소모하지 않아도 되었고, 장기적인 관점에서 자신의 배움을 설계할 수 있었다.

둘째, 교사들의 지속적인 학습과 협력 문화는 이 연계 구조의 핵심 동력이었다. 표선초·중·고의 교사들은 단지 수업을 전달하는 사람이 아니라, 교육을 함께 만들어 가는 실천자로서 역할을 해 왔다. 학년 간, 학교 간의 수업 공유가 자연스럽게 이루어졌고, 정기적인 교육과정 재구성 워크숍과 공동 프로젝트 수업이 일상적으로 열렸다. 교사들은 서로의 수업을 참관하고 피드백하며, 학교 밖의 연수를 통해 새로운 교육 방법을 연구하고 실험했다. 이런 문화는 학생들에게도 전해졌고, 수업은 더 이상 일방적인 전달이 아니라 '함께 탐구하는 시간'이 되었다.

셋째, 제주도교육청의 전략적인 예산 투자와 행정적 지원이 있었기에 이러한 실천이 현실이 될 수 있었다. 표선초·중·고는 IB 인증을 포함해 다양한 자율 학교 프로그램을 운영하면서도, 행정적 부담이나 재정적 불안을 크게 느끼지 않았다. 제주도교육청은 각 학교에 필요한 연수비, 프로그램 운영비, 시설 개선비 등을 꾸준히 지원해 왔고, 학교는 이를 바탕으로 안정적으로 중장기 계획을 세울 수 있었다. 특히 정책이 일방적으로 내려오는 방식이 아니라, 학교의 필요에 맞춰 조율되고 보완되는 구조 속에서 교사들은 신뢰를 갖고 자신들의 철학을 실현해 나갈 수 있었다.

이처럼 표선초·중·고의 경험은 단순히 하나의 지역 사례를 넘어, 공교육이 어떻게 지속 가능해질 수 있는지를 보여 주는 살아 있는 모델이다. 지역 내 연계된 교육, 교사의 자발적 학습 문화, 행정의 유연한 뒷받침이라는 세 가지 요소가 조화를 이룰 때, 학교는 진정한 의미에서 '아이를 위한 공간'이 될 수 있다는 사실을 이 작은 마을이 조용히 증명해 보이고 있다.

성과 뒤에 가려진 숙제들: 제주 IB 학교가 직면한 현실

제주 표선초·중·고등학교가 이루어 낸 IB 연계교육의 성과는 분명하다. 학생은 스스로 질문하고, 교사는 평가를 함께 설계하며, 학부모는 교육 파트너로 함께한다. 그러나 이 변화가 일상적이고 지속 가능한 공교육 모델로 자리 잡기 위해서는 아직도 넘어야 할 산들이 있다. 이 장에서는 그동안 드러난 한계와 과제를 정리하고, 개선 방향을 제안하고자 한다. 아울러 국내외의 관련 연구와 학술 자료들을 바탕으로 이 과제들이 왜 중요한지, 어떤 제도적 접근이 필요한지를 보다 심도 있게 논의하고자 한다.

대입 체제와의 불일치:
이상과 제도의 간극

표선고등학교는 제주에서 유일하게 IB DP과정을 운영하고 있지만, 대학입시와의 연계 부족은 가장 큰 현실적 제약으로 작용한다. 수행평가와 탐구 활동 중심의 교육과정은 고교학점제나 학생부종합전형과 일정 부분 맞닿아 있지만, 정작 대학들은 여전히 서열화된 내신과 정량 지표 중심으로 학생을 평가하고 있다.

이로 인해 일부 학생과 학부모는 불안함을 느끼며, IB 대신 일반교과 중심의 수업을 택하기도 한다. 이는 단순히 제도의 미비만을 의미하지 않는다. 한국 사회가 여전히 '입시 중심 교육'의 패러다임 안에서 학교를 이해하고 있다는 증거이기도 하다.

2023년 『서울교육연구』에 실린 한 논문은 "IB 평가 방식은 자기성찰, 수행, 과정 중심이라는 장점에도 불구하고, 한국의 정시 및 내신 중심 체계와 충돌한다."라며, 고교-대학 간 평가 패러다임의 전환 없이는 IB의 효과가 제한적일 수밖에 없다고 지적했다. 미국 캘리포니아 공립 학교의 IB 도입 연구 또한 GPA/SAT 등의 통계 지표에선 일부 효과가 나타났지만, 제도와의 통합이 이뤄지지 않으면 지속 가능성이 낮다고 분석한다.

교사 전문성의 편차와
지속 가능성

　IB 교육은 교사의 철학, 수업 설계 능력, 평가 역량이 핵심이다. 그러나 실제 현장에서는 교사 간 IB 이해도와 실천력에 편차가 존재한다. 부임 1~2년 차 신규 교사나 타 시도에서 온 교사들은 개념 기반 수업이나 루브릭 평가에 낯설어하기 쉽다. 이는 단지 개인 역량의 문제가 아니라, 제도적·구조적 문제다.

　한국 공립 학교 IB 운영에 대한 2021년 서울시교육청 정책보고서에서는 "교사 전보제도, 교내 협력 시간의 부족, 평가 결과의 책임 부담" 등이 IB 실천의 지속성을 위협하는 요인으로 제시된다. Choi(2022)는 국가교육과정과 IB 기준을 동시에 만족시키는 수업 설계가 교사에게 과도한 부담으로 작용한다고 지적하며, 지속 가능한 연수 시스템과 수업 협력 구조가 필요하다고 주장한다.

　또한, IB 교사의 전문성을 유지하기 위한 IBO 공식 연수는 예산과 인력 문제로 인해 전 교원이 매년 참여하기 어려운 구조다. 결과적으로 소수의 전담교사만이 IB 수업을 이끌게 되며, 이는 공동체 기반 운영이라는 IB 철학과도 어긋난다.

학부모의 이해와
공감대 미형성

표선 IB 학교가 가장 많이 직면하는 외부의 질문 중 하나는 "이거 대학 가는 데 도움이 되나요?"다. 이는 교육의 목적이 '진학'에 국한되지 않아야 한다는 점을 부정하는 것이 아니라, 현재의 제도와 문화 속에서 학부모가 가지는 현실적 우려를 보여 준다.

한국교육개발원이 발간한 『IB 프로그램 확산에 따른 사회적 인식 분석』(2022) 보고서에 따르면, IB에 대한 학부모의 인지도는 전국 평균 20% 미만이며, '입시에 불리할 수 있다'는 우려가 가장 큰 장벽으로 작용한다. 또한 IB에서 강조하는 수행평가, 발표, 프로젝트 기반 수업 방식은 일부 학부모에게 '특목고 수준의 고비용 사교육을 요구하는 방식'으로 오해되기도 한다.

이러한 오해를 해소하기 위해 학교는 단순한 설명회를 넘어, 단계별로 학부모와 소통하고, 수업 과정에 참여할 수 있는 구조를 만들어야 한다. 탐구 발표회에 학부모를 초청하는 것만으로도 이해도가 크게 향상된다는 것이 표선초와 표선중의 실천 결과다.

지역 자원 연계의
한계

 IB 수업은 교실 안에서 끝나지 않는다. 지역 문제를 조사하고, 마을 전문가를 만나며, 실생활과 연결된 질문을 탐구해야 진짜 배움이 완성된다. 그러나 이러한 시도는 항상 충분한 자원과 환경을 전제로 하지 않는다. 특히 지역 내 전문가, 공간, 연계기관이 부족한 농어촌이나 도서 지역에서는 더욱 그렇다.

 인도의 공립 PYP 도입 사례를 분석한 Rao(2020)는 "탐구 기반 수업을 지속하려면 지역기관, 시민단체, 도서관, 박물관 등과의 구조적 협력이 필요하다."라고 강조한다. 제주 또한 자연환경이나 생태 자원은 풍부하지만, 특정 주제(예: 기후금융, 국제정세 등)에 맞는 전문가 연계가 쉽지 않다. 결국 교사 혼자 힘으로 수업을 설계하고 외부 자원을 조직해야 하는 구조는 지속 가능하지 않다.

 따라서 IB 학교 운영에는 교육지원청-지역기관-학교 간 중간지원조직이 필요하며, 학교 안팎의 탐구 자원을 데이터베이스화하여 교사와 공유하는 시스템이 필요하다.

행정적 인식과
평가 체계의 불일치

 IB의 핵심은 평가에 있다. 점수를 위한 평가가 아니라, 배움을 위한 평가다. 그러나 한국 교육행정은 여전히 정량 중심의 평가 체계에 머물러 있다. 수행평가, 포트폴리오, 자기성찰일지 등이 관리 시스템에 효율적으로 입력되지 않으면 행정상 불이익으로 작용하거나, 교사의 업무만 가중시키게 된다.

 실제로 서울시교육청이 2021년 실시한 IB 시범학교 교사 인터뷰에서, "NEIS 시스템 상 IB 평가 결과를 일관되게 입력할 방법이 없다."라는 응답이 가장 많이 나왔다. 또한 일부 교육청은 IB 성과를 별도로 관리하거나 일반 학교와 분리하여 정책을 운영하고 있는데, 이는 IB를 '예외적 시범'으로 고립시키는 결과를 초래할 수 있다.

 행정 시스템이 바뀌지 않으면, IB는 교실 안에서만 존재하는 '특수한 실험'으로 머물 수밖에 없다. 평가 기준, 성적 산출 방식, 교원평가 지표 등에서 IB 학교의 특성을 반영하는 제도적 유연성이 필요하다.

IB는 제도가 아니라
학교문화다

 표선 IB 연계학교의 실험은 많은 것을 증명했다. 질문이 있는 수업, 성찰하는 평가, 협력하는 교사 문화는 가능하다는 사실을 보여 주었다. 그러나 이 실험이 성공적으로 확산되기 위해선 제도, 문화, 협력 체계 전반의 뒷받침이 필요하다.

 IB는 '이상적인 수업기법'이 아니라, 교사와 학생, 지역과 행정이 함께 바뀌어야 가능한 공교육 모델이다. 이 실험을 제주에서만 멈추게 하지 않기 위해, 이제는 교육부와 교육청, 대학, 시민사회 모두가 응답해야 한다.

 공교육은 모두에게 같은 것을 주는 것이 아니라, 각자에게 맞는 배움을 보장하는 일이 되어야 한다.

제주 아이들은
다르게 자란다

Part 03

IB를 넘어:
12가지 자율 학교 이야기

제주에서 공교육은 하나의 모습으로 설명되지 않는다.

국제 바칼로레아(IB) 도입이 주목받고 있지만, 그 외에도 제주형 자율 학교라는 이름 아래 펼쳐지는 다양한 교육 실험들이 함께 공존하고 있다. 생태학교, 문화학교, 글로벌역량학교, 건강학교, 인권학교, 자유학교, 그리고 가장 제주적인 교육 철학을 담은 '다혼디배움학교'까지 2025년 현재 제주에는 총 15가지 유형의 자율학교가 존재하며, 이는 단순한 학교 모델의 분화를 넘어, 공교육의 철학과 방식에 대한 근본적인 질문을 던지고 있다. 무엇보다 '제도 중심의 교육'에서 '사람 중심의 교육'으로의 전환을 시도하고 있다는 점에서 큰 의의를 가진다.

이 장에서는 지금까지 운영되어 온 제주형 자율 학교들의 다양한 유형과 그 안에 담긴 교육 철학, 구체적인 운영 방식들을 하나씩 들여다보려 한다. 그 학교들은 어떤 가치를 추구하며, 어떤 제도적 특례를 어떻게 활용하고 있으며, 무엇보다 아이들에게 어떤 '경험'으로 남고 있는가를 통해 공교육의 새로운 가능성을 함께 탐색해 보고자 한다.

* 현재 제주형 자율 학교는 총 15개 유형으로 운영되고 있으나, 고등학교 기반의 실습·기술교육 중심인 미래기술인재학교(한림공업고등학교)와 특수 목적 고등학교인 창의융합학교(제주과학고등학교)는 유형 설계상 독립적 성격이 강해, 본 장에서는 정리 대상에서 제외했다.

다혼디배움학교:
가장 제주다운 학교

2025 운영 현황(30)

초	광양초, 구엄초, 귀덕초, 납읍초, 대흘초, 세화초, 애월초, 일도초, 제주서초, 종달초, 한천초, 대정서초, 대정초, 덕수초, 무릉초, 사계초, 하원초, 흥산초
중	김녕중, 세화중, 오름중, 저청중, 제주중, 제주동중, 조천중, 한림여중, 대정중, 무릉중, 안덕중
고	서귀산과고

* 적용 학교가 많은 관계로 주소는 생략

개요 및 철학

- 정의: '다혼디'는 '다 함께'라는 뜻의 제주어로, 학생·교사·학부모·마을이 함께 배우는 협력 중심 학교를 지향한다.
- 교육 철학: 경쟁 중심에서 협력 중심으로, 정답 중심에서 질문 중심으로, 결과 중심에서 성장 중심으로 교육 패러다임을 전환한다.

교육과정 및 운영 특징

- 수업: 토의·토론형, 프로젝트형 수업과 삶과 연결된 주제 중심 학습.
- 평가: 성취보다 '변화'를 중시하며, 피드백·자기성찰·루브릭 기반의 성장 중심 평가를 지향.
- 운영: 교사 학습공동체 중심 수업 설계, 학생 자치 강화, 학부모 및 마을 연계 교육 확대.

대표 사례

- 운영 현황: 2025년 기준 30개교 이상 운영 중.
- 실천 사례: 학생 참여형 교육과정, 협력 기반 학교문화, 지역 사회 연계 수업 등이 두드러짐.

기대 효과 및 과제

- 성과: 교사와 학생의 자발성 회복, 학교가 삶의 배움터로 재구성됨.
- 과제: 지속 가능성을 위한 행정적 지원, 교사 연수·협업 문화의 장기적 내재화 필요.

'다혼디'는 '다 함께'라는 뜻의 제주어다. 그 이름처럼 다혼디배움학교는 학생, 교사, 학부모, 마을이 함께 배우는 학교를 지향한다. 이 학교는 경쟁 중심 교육에서 협력 중심 교육으로, 정답 중심 수업에서 질문 중심 수업으로, 결과 중심 평가에서 과정 중심 성장으로의 전환을 실현하고자 한다.

다혼디배움학교의 핵심 철학은 '함께 배우고, 서로를 돌보는 시민'을 키우는 데 있다. 수업은 토의·토론, 프로젝트 학습, 삶과 연결된 배움이 중심이다. 교사는 지식을 전달하는 사람이 아니라, 질문을 던지고 함께 탐색하는 동반자다.

평가는 점수가 아니라 '변화'에 초점을 둔다. 아이들의 성장을 돕는 피드백, 루브릭을 통한 자가 평가, 성찰 일지 등 학생 스스로 배움의 여정을 조망하도록 설계되어 있다. 교사들은 학습공동체를 통해 수업을 공동 설계하며, 학생 자치와 학부모, 마을 공동체가 교육과정에 함께 참여한다.

특히 이 학교 모델은 교사 혼자 교실을 지키는 구조를 넘어, 교육이 공동체 안에서 작동할 수 있도록 설계되어 있다. 단일한 교과 지식 중심이 아닌, 학생들의 삶과 연결된 경험 중심 교육이 이뤄진다.

다혼디배움학교는 단일한 학교 모델을 넘어, 제주 전체 공교육의 기본 철학을 새롭게 정립하는 교육운동이라고 할 수 있다. 이 실험은 단지 몇몇 교사의 의욕에 의존하는 일이 아니라, 제주라는 지역의 제도적 기반과 공동체의 신뢰, 그리고 학생 중심 교육을 향한 집단적 열망이 만들어 낸 결과다.

글로벌역량학교:
영어 실력이 아닌 세계시민을 기른다

2025 운영 현황(6)

신산초(제주특별자치도 서귀포시 성산읍 일주동로 5104)

저청초(제주특별자치도 제주시 한경면 중산간서로 3591)

제주남초(제주특별자치도 제주시 남성로 149)

창천초(제주특별자치도 서귀포시 안덕면 창천중앙로 12)

신례초(제주특별자치도 서귀포시 남원읍 중산간동로 7116)

평대초(제주특별자치도 제주시 구좌읍 일주동로 2979)

개요 및 철학

- 정의: 외국어 실력을 넘어 다양성 이해, 국제적 감수성, 협업 역량을 갖춘 '세계시민'을 기르는 제주형 자율 학교.
- 교육 철학: 영어를 잘하는 아이보다, 세계와 소통하고 협력하는 시민을 만드는 데 중점을 둔다.

교육과정 및 운영 특징

- 교육과정: 외국어 소통 능력 강화, 다문화 이해, 세계 시민교육을 위한 특색 교과목 및 주제 중심 수업 운영.
- 학교 운영: 「제주특별법」의 교육특례를 활용해 자율적이고 유연한 학교 조직으로 재구조화.
- 학습 환경: 학생 중심 교육, 삶과 연결된 배움, 지역 사회 및 가정과 연계한 교육활동을 중시.

대표 사례

- 특색 활동: 영어 토론, 국제 교류 프로젝트, 글로벌 문화 체험, 지역 사회와 함께하는 외국어 캠프 등

기대 효과 및 과제

- 성과: 글로벌 감수성 향상, 외국어 자신감 증가, 세계 시민으로서의 정체성 함양
- 과제: 교사 전문성 편차, 외국어 교육 인프라 확보, 학생 간 역량 격차 해소 필요

글로벌역량학교는 단순히 외국어 실력을 높이는 데 그치지 않는다. 이 학교는 '세계 속의 나'를 상상하고 준비할 수 있는 교육을 목표로 삼는다. 외국어는 그 자체가 목적이 아니라, 세계와 소통하고 다양한 문화를 이해하며 협업할 수 있는 도구로 사용된다.

제주에서 글로벌역량학교로 지정된 학교들은 외국어 중심 수업

뿐 아니라 세계 시민교육을 핵심 축으로 설정하고 있다. 신산초등학교는 다양한 나라의 문화와 관습을 이해하는 프로젝트 수업을 정기적으로 운영하고 있으며, 제주남초는 영어 연극, 국제도시 체험 수업, 다문화 가정과의 교류 프로그램 등을 운영한다.

학교 교육과정은 단순한 어학실력 향상이 아니라, 다양성 존중, 문화 간 대화, 글로벌 공동체 의식을 키우는 방향으로 구성된다. '영어 잘하는 아이'보다 '타 문화를 존중하며 협업할 줄 아는 아이'를 길러 내는 것이 학교의 목표다.

운영 측면에서도 「제주특별법」의 교육 특례를 적극 활용하고 있다. 학교는 협력적 조직 구조로 재편되어 유연한 수업과 자율적인 교사 활동이 가능하며, 외국어 소통 능력을 높이기 위한 수업 시수 조정과 외부 전문가 활용도 자유롭게 이뤄진다. 교사들은 공동 수업 설계와 전문 연수를 통해 교육과정의 깊이를 더해가고 있다.

삶과 연결된 배움도 강조된다. 예를 들어 창천초는 마을과 연계한 '영어로 마을 해설하기' 프로젝트를 운영하고 있으며, 저청초는 지역 주민과 함께 하는 글로벌 퀴즈대회를 통해 '배운 것을 사용하는 경험'을 중시한다.

글로벌역량학교는 단순한 어학 중심 교육을 넘어, '세계와 연결되는 삶의 감각'을 키우는 학교다. 제주라는 지역성과 세계라는 보편성을 연결하는 이 실험은, 제주 공교육이 단지 섬에 머물지 않고 세계로 확장될 수 있는 가능성을 보여 준다. 글로벌 시대의 시민으로 살아가기 위한 첫걸음, 그것은 영어 단어가 아니라 서로를 이해하려는 태도에서 시작된다.

문예체학교:
감성과 예술로 배우는 삶

2025 운영 현황(9)

초	구좌중앙초(제주 제주시 구좌읍 월정7길 1)
	북촌초(제주 제주시 조천읍 일주동로 1481)
	송당초(제주 제주시 구좌읍 중산간동로 2218-3)
	영평초(제주특별자치도 제주시 아봉로 225)
	하도초(제주 제주시 구좌읍 일주동로 3378)
	남원초(제주특별자치도 서귀포시 남원읍 태위로 647)
	서귀중앙초(제주 서귀포시 동문동로 54)
	서귀포초(제주 서귀포시 솔동산로11번길 17)
중	효돈중(제주 서귀포시 효돈로 207)

개요 및 철학

- 정의: 문학, 예술, 체육 교육을 중심으로 감성과 창의성을 키우며, 삶과 배움의 연결을 실현하는 제주형 자율 학교.
- 교육 철학: 예술은 표현이며, 삶은 예술이다. 감정과 창의, 공동체의 가치를 배움과 연결하는 전인교육을 추구한다.

교육과정 및 운영 특징

- 교과 구성: 문학(시쓰기, 자서전), 음악(악기 교육, 공연), 미술·영상(그림책 제작, 영화제), 체육(놀이체육, 융합체육) 등
- 학습 방식: 프로젝트 수업 중심의 통합형 교육과정, 마을 자원과 예술가 협업 수업 운영
- 학교문화: 자율 동아리, 예술 발표회, 마을 축제 연계 활동, 교사-학생-학부모 공동 예술활동

대표 사례

- 구좌중앙초: 시쓰기 교과 운영, 시집 발간, 문학 활동 '나다움'
- 하도초: 오카리나·클라리넷 수업, 해녀 그림책 제작 프로젝트
- 남원초: 학생 영상 제작, 학교 영화제 '꿈빛 영화제' 운영
- 서귀포초: 감성미술, 배움 놀이터, '우리 마을 축제 기획하기' 프로젝트

기대 효과 및 과제

- 성과: 학생 표현력 향상, 예술을 통한 자존감 회복, 마을 연계 배움 활성화
- 과제: 교사 예술 전문성 편차, 예산 확보, 교과 간 통합 운영의 지속 가능성

문예체학교는 제주형 자율 학교 가운데서도 가장 '감성과 창의'를 중심에 둔 교육 모델이다. 이 학교는 배움을 지식이 아닌 표현과 관계의 과정으로 바라본다. 학생들은 시를 쓰고, 음악을 연주

하고, 영화를 찍으며 자신을 발견해 간다.

하도초등학교에서는 학년별로 악기 수업이 운영된다. 저학년은 오카리나, 고학년은 클라리넷을 연주하며, 악기와 함께 성장하는 과정을 경험한다. 또 해녀 이야기를 그림책으로 만들고, 지역 생태를 탐구해 뮤지컬로 표현하는 활동은 지식과 감정을 하나로 묶어 낸다.

구좌중앙초는 '시작(詩作)'이라는 교과를 운영하며, 학생들이 직접 시를 쓰고 시집을 출판하는 수업을 진행한다. '나다움'이라는 이름의 문학 프로젝트에서는 자신을 글로 표현하고, 친구와 나누며 자존감을 회복하는 경험을 제공한다.

남원초는 '영화 같은 학교'를 지향한다. 시나리오 기획, 촬영, 편집까지 학생이 직접 하는 영상 수업을 통해 미디어 리터러시와 협업 역량을 함께 키운다. '남원 꿈빛 영화제'에서는 자신들의 작품을 마을 주민과 함께 나누며 예술이 공동체로 확장되는 경험을 제공한다.

문예체학교의 특징은 통합형 프로젝트 수업에 있다. 서귀포초의 '배움 놀이터' 프로젝트는 감성미술, 놀이체육, 문화동아리를 통합한 수업으로, '내가 만든 그림책', '우리 마을 축제 기획하기'와 같은 결과물을 중심으로 구성된다.

문예체학교는 아이들의 내면에 말을 건다. '공부를 잘하는 아이'가 아니라 '자신을 표현할 줄 아는 아이'를 키우는 이 실험은, 지식의 외양보다 감정의 울림을 중시하는 교육이다. 제주에서의 문예체학교는 배움이 예술이 되고, 예술이 삶이 되는 길을 열어 가고 있다.

미래역량학교:
지식을 넘어, 살아갈 힘을 키우다

2025 운영 현황(7)

초	고산초(제주특별자치도 제주시 한경면 고산로1길 16)
	물메초(제주 제주시 애월읍 엄수로 202-4)
	신창초(제주특별자치도 제주시 한경면 두신로 72)
	오라초(제주 제주시 연사길 48)
	보성초(제주특별자치도 서귀포시 대정읍 추사로55번길 6-1)
	의귀초(제주 서귀포시 남원읍 한신로 213)
고	제주중앙여고(제주 제주시 구남동5길 11)

개요 및 철학

- 정의: 급변하는 사회와 기술 환경에 대응하는 디지털 소양, 창의적 문제 해결력, 공동체 감수성을 키우는 제주형 자율 학교.
- 교육 철학: 지식을 넘어, 미래 사회를 살아갈 힘(역량)을 기르기 위한 자기주도·협업 중심의 학습을 지향한다.

교육과정 및 운영 특징

- 핵심 역량: 디지털 리터러시, 세계 시민성, 자기 표현, 지역과의 연계 실천
- 수업 구조: 고산다움, 보성ON, 오라스쿨, C.O.D.E 등 학교 특색 중심의 통합 교육과정 운영
- 학습 방식: 프로젝트 수업, 진로 탐색 활동, 학생 주도 콘텐츠 제작, 지역 사회 협업

대표 사례

- 고산초: '고산다움' 과목(마을이해·생태·세계시민·자기표현 4축), PDCA 수업 구조
- 보성초: AI 기반 디지털 탐구 프로젝트 '보성 ON' 운영
- 오라초: 진로캠프, 뉴스 제작 등 '오라스쿨' 프로그램 운영
- 제주중앙여고: 'C.O.D.E' 과목(Citizenship, Ownership, Dream, Empathy), 공공 캠페인, SNS 콘텐츠 제작

기대 효과 및 과제

- 성과: 자기주도성, 진로설계 역량, 디지털 시민성, 공익 의식 향상
- 과제: 학교 간 실행 편차, 교사 협업 기반 유지, 지역 사회 협력 지속 가능성 확보

미래역량학교는 지식을 넘어서 '살아갈 힘'을 기르는 교육을 실현하고 있다. 제주형 자율 학교 중에서도 기술 변화와 사회적 변화에 능동적으로 대응할 수 있는 아이를 기르는 데 중점을 둔다.

고산초는 '고산다움'이라는 이름의 특색 교과를 운영한다. 고산의 마을 이해(고), 생태 환경(산), 세계 시민성(다), 자기 표현(움)의 네 가지 키워드를 중심으로 수업이 구성되며, 학생들은 마을을 탐색하고, 자연을 체험하며, 자신의 생각을 다양한 방식으로 표현한다. 수업은 PDCA(Plan-Do-Check-Act) 순환 구조로 설계되어, 아이들이 스스로 계획하고 실천하고 성찰하며 성장하도록 돕는다.

보성초는 '보성 ON'이라는 프로젝트를 통해 AI·소프트웨어 교육을 삶과 연결한다. 예컨대 드론, 코딩, 질문 생성기 같은 기술은 마을과 자연을 탐구하는 수업 속에서 자연스럽게 통합된다. 기술은 수단이며, 문제를 탐색하고 해결하는 도구로써 사용된다.

오라초는 '오라스쿨'이라는 이름으로 진로 기반 프로젝트를 중심에 두고 있다. 뉴스 영상 제작, 진로 캠프, 강점 탐색 수업 등은 학생들이 스스로를 이해하고 사회와 연결되도록 돕는 구조다. 학교는 더 이상 입시기관이 아니라, 자기를 발견하고 표현하는 플랫폼이 된다.

고등학교 수준에서는 제주중앙여고가 그 역할을 수행하고 있다. 'C.O.D.E' 과목은 시민성(Citizenship), 주인의식(Ownership), 진로설계(Dream), 공감(Empathy)를 중심으로 구성된다. 학생들은 공익 캠페인을 기획하고, SNS 콘텐츠를 제작하며, 지역 사회 문제 해결에 직접 참여한다. 이 과정에서 민주적 학생 자치가 자연스럽게 학교 문화를 형성한다.

미래역량학교는 '혁신'이 아니라, 학교가 학교답게 작동할 수 있는 조건이 주어졌을 때 아이들이 어떻게 성장할 수 있는지를 보여 주는 장면이다. 고산초에서 오라초, 제주중앙여고에 이르기까지, 배움은 지식 습득을 넘어서 삶을 살아가는 힘으로 확장된다. 제주 공교육은 이 실험을 통해 미래를 앞당기고 있다.

마을생태학교:
마을이 교과서가 되는 학교

2025 운영 현황(8)

초	우도초(제주 제주시 우도면 우도로 156-11)
	재릉초(제주 제주시 한림읍 한림로 288-18)
	도순초(제주 서귀포시 도순남로 83)
	수산초(제주특별자치도 서귀포시 성산읍 수시로 9)
	예래초(제주 서귀포시 예래로 210-14)
	태흥초(제주 서귀포시 남원읍 태위로 915)
	하례초(제주 서귀포시 남원읍 일주동로 8002)
중	우도중(제주 제주시 우도면 우도로 156-11)

개요 및 철학

- 정의: 마을의 역사·문화·자연환경을 교육과정 중심에 두고, 학교와 마을이 함께 학생을 키우는 제주형 자율 학교.
- 교육 철학: "마을이 교과서이고, 마을 사람들이 교사다."라는 철학 아래 삶과 배움, 생태와 공동체의 통합을 추구한다.

교육과정 및 운영 특징

- 핵심 구성: 마을 생태자원과 통합한 교과 수업 및 프로젝트 기반 학습
- 운영 방식: 교사-지역 전문가 공동 교육과정 설계, 마을교육협의체 중심 생태 프로그램 운영
- 학생 주도성: 탐구-표현-실천 중심 수업, 지역문제 해결 프로젝트, 생태 음악·미술·토론 융합 교육

대표 사례

- 우도초·우도중: '우도와 우리' 특색 교과목(우도의 역사·지리·생태), 드론 촬영, 다이빙, 해양 쓰레기 프로젝트 등
- 하례초: '하례생태지킴이' 과목, 생태탐험대 활동, 오름과 습지 탐사, 미세플라스틱 문제 해결 등
- 공통 프로그램: 마을 전문가 수업, 지역 축제 참여, 마을 기록화 활동, 생태다모임

기대 효과 및 과제

- 성과: 지역 정체성 강화, 생태 감수성 함양, 배움의 실천력 강화
- 과제: 마을 인프라 의존에 따른 지속성, 마을교육공동체 행정지원, 교원 역량 편차 보완 필요

　마을생태학교는 제주형 자율 학교 중에서도 가장 '삶과 배움의 경계를 허문 학교'다. 교실에서만 배우는 것이 아니라, 아이들이 자라는 마을 전체가 교과서가 되는 학교. 자연과 공동체가 일상

이 되고, 수업의 주제가 되는 학교다.

우도초·우도중학교는 섬의 지리와 생태, 역사와 공동체를 통합적으로 배우는 '우도와 우리' 교과를 운영한다. 아이들은 직접 마을을 탐방하고, 바다 쓰레기 문제를 분석하며, 우도 8경을 드론으로 촬영하고, 해녀 인터뷰를 통해 지역의 역사와 문화를 되새긴다. 울릉도와 연계한 독도 비교 교육, 스쿠버 다이빙 실습, 해양 환경 교육 등은 단지 지식을 전달하는 수업을 넘어 삶으로 살아내는 배움이다.

하례초는 '하례생태지킴이'와 '생태탐험대'를 중심으로 학년별 생태융합 프로젝트를 진행한다. 효돈천, 고살리 숲길, 하논 분화구를 활용한 지역 맞춤형 생태수업이 특징이며, 바다 생물로 노래를 만들고 미세플라스틱 문제를 실천형 수업으로 연결한다. 지역 주민(해설사, 해녀, 문화인 등)은 교육과정의 동반자이며, 학교는 마을의 일부로서 작동한다.

세 학교 모두 '생태다모임'이라는 민주적 의사 결정 구조를 운영하고, 타 학교와의 연계 수업 및 박람회를 통해 생태 교육의 확산 구조도 구축하고 있다.

마을생태학교는 단순한 체험학습의 학교가 아니다. 그것은 '삶과 자연, 마을과 배움'이 하나로 연결된 교육 실험이다. 교과서가 아닌 바다가, 숲이, 어르신의 말씀이 곧 수업이 되는 학교. 우도초, 우도중, 하례초는 보여 준다. 아이들이 자라는 마을이 학교가 될 수 있다는 것, 그리고 학교가 다시 마을의 중심이 될 수 있다는 것을.

놀이학교:
놀이는 배움이다

2025 운영 현황(1)

| 초 | 수원초(제주특별자치도 제주시 한림읍 한림로 822) |

개요 및 철학

- 정의: 놀이를 교육의 중심에 두고, 아이들이 스스로 배우고 성장할 수 있도록 설계된 제주형 자율 학교.

- 교육 철학: "놀이는 배움이다."라는 철학 아래, 즐거움과 자율성을 바탕으로 문제 해결력·공동체성·창의성을 기르는 학교.

교육과정 및 운영 특징

- 수업 구조: 학년별 발달 주제를 반영한 놀이 통합형 교육과정 운영 (학교 적응, 사회성, 감성, 인성, 민주시민 놀이 등).
- 선택 활동: 음악놀이, 체육놀이, 디지털놀이 등 학생 흥미에 따라 선택 가능한 자율 놀이 교육 운영.
- 학습 환경: 가정·지역 사회와 연계된 놀이 프로젝트, 놀이 교구 발송, 마을과 함께 하는 공동체형 놀이교육.

대표 사례

- 수원초등학교: 제주형 놀이학교 대표 운영교
- 특색 활동: '재미놀이', '체육놀이', '디지털놀이' 프로그램, 전 학년 연계형 놀이 수업 운영

- 연간 운영: 주제통합놀이 68차시, 선택놀이 34차시 이상 정규 수업으로 편성

기대 효과 및 과제

- 성과: 아이들의 학교 적응력과 자존감 상승, 공동체 경험과 자기표현력 증진
- 과제: 교사 연수 체계화, 놀이교육 일반화 제도 마련, 디지털 놀이와의 조화 등

제주형 자율 학교 중 놀이학교는 "놀이는 배움이다."라는 단순하지만 강력한 철학을 실천하는 학교다. 교과서와 문제집이 아닌 놀이와 관계, 감정과 호기심이 수업의 중심이 되는 학교. 아이들이 "앗싸! 학교 가자!"라고 외치는 수원초등학교는 놀이학교의 대표적인 사례다.

수원초는 학년별 발달 특성에 맞춰 놀이 주제를 정하고, 이를 교육과정으로 엮어 냈다. 1학년은 '학교 적응 놀이', 2학년은 '사회성 놀이', 34학년은 '두뇌 놀이'와 '감성 놀이', 56학년은 '인성 놀

이', '민주시민 놀이'로 이어지는 구조는 단순히 재밌는 활동이 아닌 목적 있는 놀이의 교육적 설계를 보여 준다.

놀이는 단발성 행사가 아니라 정규 수업의 일부다. 연간 68차시에 이르는 놀이 통합 수업은 매주 교실 안에서 이뤄지고, 창의적 체험활동 및 동아리로도 연결된다. 여기에 음악놀이, 체육놀이, 디지털놀이 등을 학생이 직접 선택하는 '놀이 선택과정'까지 마련돼 아이들이 스스로 참여하고 몰입할 수 있도록 설계됐다.

놀이교육은 교실을 넘어 가정과 지역 사회로 확장된다. 수원초는 놀이 교구를 가정에 보내 부모와 자녀가 함께 놀이할 수 있도록 유도하고, 마을 주민들과 전통놀이 체험, 역사 탐방, 마을 축제 프로젝트 등도 운영한다. 부모는 단순한 협조자가 아니라 놀이공동체의 일원으로 학교와 연결되어 있다.

놀이학교는 아이들에게 있어 학교가 '억지로 가야 하는 곳'이 아니라, '가고 싶은 곳'이 되는 경험을 만들어 준다. 수원초의 실험은 '놀이'라는 오래되고 단순한 방식이야말로 아이들의 자기주도성과 사회성을 키우는 가장 강력한 교육 방법임을 보여 준다. 이곳에서는 웃음과 호기심이 배움의 출발점이다.

디지털학교:
배움의 언어를 디지털로 확장하다

2025 운영 현황(4)

초	
	한림초(제주특별자치도 제주시 한림읍 한림로4길 16)
	법환초(제주 서귀포시 이어도로 879)
	서호초(제주특별자치도 서귀포시 호근남로 40)
	안덕초(제주특별자치도 서귀포시 안덕면 화순로56번길 32)

개요 및 철학

- 정의: 컴퓨팅 사고력과 디지털 시민성 함양을 중심으로, 디지털 기술을 도구 삼아 창의적이고 자기주도적인 배움을 실현하는 제주형 자율 학교.
- 교육 철학: 디지털은 단지 '기술'이 아닌, 세상을 이해하고 표현하며 문제를 해결하는 삶의 언어로서 다룬다.

교육과정 및 운영 특징

- 핵심 교과: '디지털 리터러시' 특색 과목 중심 교육 운영(AI·SW·영상 제작·코딩·미디어 활용 등)
- 학습 방식: 프로젝트 기반 수업, 디지털 콘텐츠 제작, 협업형 과제 중심 운영
- 학교 운영: 교사 전문학습공동체 중심 수업 설계, 디지털 플랫폼(구글클래스룸, 패들렛 등)을 활용한 협업 구조 정착

대표 사례

- 한림초: '한숲 POWER' 교육과정 (준비-조직-협력-확장-성찰) 기반 디지털 수업
- 서호초: AI 코딩, 언플러그드 수업, 디지털 독서활동 중심 자기주도학습 운영
- 공통 활동: VR 체험, 디지털 사진첩 제작, UCC 공모전, 챗GPT 활용 연극대본 쓰기 등

기대 효과 및 과제

- 성과: 학생 주도성, 표현력, 문제 해결력 강화. 학부모 디지털 참여도 및 교사 만족도 상승.
- 과제: 디지털 인프라 부족, 교사 간 기술 격차, 유지보수 및 장기 연수 체계 필요

디지털학교는 단지 기계를 잘 다루는 법을 배우는 곳이 아니다. 디지털을 통해 세상을 탐색하고, 나를 표현하며, 문제를 해결

하는 힘을 기르는 교육 실험이다. 제주형 자율 학교 중 디지털학교로 지정된 한림초와 서호초는 이런 철학을 실천하고 있다.

한림초는 '한숲 POWER'라는 이름의 교육과정을 운영하고 있다. POWER는 준비(Prepare), 조직(Organize), 협력(Work together), 확장(Enlarge), 성찰(Reflect)의 약자로, 디지털 수업이 단순한 기기 활용을 넘어 교육의 구조 자체를 전환하는 것을 목표로 한다. 크롬북을 활용한 수업에서부터 AI 코스웨어 기반 탐구 활동, 동영상 제작 및 디지털 포스터 만들기까지 다양한 프로젝트가 학년별로 연계되어 있다.

서호초는 '자기주도 학습'과 '디지털 시민성'을 핵심 가치로 삼아, SW 코딩, 언플러그드 활동, 디지털 기반 글쓰기 수업을 정규 교과에 통합하고 있다. 또한 교사 간 협업과 공동 설계를 위한 플랫폼 운영(구글 드라이브, 클래스룸, 패들렛 등)도 활발하게 진행 중이다.

학생들은 더 이상 디지털 세상의 소비자가 아니다. 영상 편집, 디지털 아트, UCC 제작, AI 질문 생성기 활용, 챗GPT와 함께 연극 대본 쓰기까지, 배우는 학생에서 만드는 생산자로 성장하고 있다.

디지털학교는 단순한 미래 기술 교육이 아니다. 그것은 학생이 세상과 연결되는 새로운 방식을 가르치는 학교다. 한림초와 서호초의 수업 장면은 교과서가 아닌 크롬북과 영상 속에서 시작되고, 친구와의 토론과 협업 속에서 마무리된다. 제주형 디지털학교는 '배움의 언어'가 디지털로 확장될 수 있다는 가능성을 보여주고 있다.

발명학교:
정답보다 질문을 키우는 학교

2025 운영 현황(1)

초	서귀서초(제주 서귀포시 솜반천로 38)

개요 및 철학

- 정의: 학생이 일상에서 문제를 발견하고, 아이디어를 설계하며, 직접 구현과 공유를 통해 창의적 역량을 기르는 제주형 자율 학교.

- 교육 철학: 발명은 단순한 기술이 아니라 문제 해결적 사고, 협업, 상상력, 실천력을 아우르는 '삶의 태도'다.

교육과정 및 운영 특징

- 교과 설계: 사고 → 설계 → 구현 → 공유 4단계 구조. 전 학년(1~6학년) 대상 발명 수업 34차시 이상 편성
- 학년별 중점
  1~2학년: 상상력 중심 자유 표현
  3~4학년: TRIZ 기반 문제 해결 전략
  5~6학년: AI·SW 기반 설계, 창업·지식재산 연계
- 운영 방식: 교사 전원 연수 이수, 학부모 참여 프로그램 운영, 지역 발명센터 협업

대표 사례

- 서귀서초등학교: 제주 최초 발명학교
- 주요 활동: 생활문제 해결 프로젝트, 3D 프린터 활용, 자녀와 함께 하는 발명교실, '솜바니스트 축제' 운영 계획

기대 효과 및 과제

- 성과: 자기주도성·창의력·협업역량 향상, 실생활 문제 해결 경험 확대
- 과제: 초기 정착 단계인 만큼 제도화 필요, 교사 연수 지속성, NEIS 반영·수업 일반화 필요

발명학교는 학생이 문제를 정의하고 해결하는 주체가 되는 학교다. 단순한 만들기 활동을 넘어, 관찰과 탐구, 설계와 실천, 공유와 성찰이 연결된 교육이다. 제주에서는 2025년 서귀서초등학교가 그 첫 실험을 시작했다.

서귀서초는 발명을 기술이 아니라 사고방식이자 삶의 태도로

본다. 12학년은 '상상하기'를 중심으로, 일상 속 문제를 찾아 자유롭게 표현하고 구상한다. 3~4학년은 TRIZ(창의적 문제 해결 이론)를 통해 구조화된 설계 과정을 학습한다. 5~6학년은 AI와 센서 기술, 지식재산권, 창업 교육 등 실제 사회와 연결되는 교육으로 확장된다.

수업은 '스케치 → 시제품 제작 → 공유 및 발표' 순으로 구성되며, 결과물 자체보다 문제를 바라보는 관점과 해결 과정에서의 상상력을 더 중시한다. 이는 결과 중심 평가에서 벗어나 성장 중심 평가를 실현하는 시도이기도 하다.

운영 측면에서도 학교 전체가 발명 중심 구조로 재편되고 있다. 전 교사가 발명교육 연수를 이수하고, 학부모는 '자녀와 함께하는 발명교실'에 참여하며 교육 공동체를 구성한다. 지역 발명센터와 연계한 기초·심화 프로그램도 정규 교육과정과 통합되고 있다.

특히 연말 개최 예정인 '솜바니스트 축제'는 학생들이 발명 결과물을 마을과 공유하며 배움의 사회적 실천으로 확장하는 행사로 준비되고 있다.

발명학교는 단지 새로운 교과 하나를 도입한 것이 아니다. 그것은 질문하는 아이, 시도하는 아이, 실패 속에서 배우는 아이를 키우기 위한 교육 방식의 전환이다. 서귀서초의 첫 걸음은 '정답을 아는 아이'보다 '질문을 던지는 아이'를 키우는 학교가 미래의 학교임을 보여 주고 있다.

세계시민학교:
지구적 감수성과 실천을 기르는 학교

2025 운영 현황(1)

초	토평초(제주특별자치도 서귀포시 토평남로 86)

개요 및 철학

- 정의: 생태 전환, 문화 다양성, 평화적 공존 등 지속 가능한 사회의 가치를 중심으로 구성된 교육과정을 통해 세계 속의 시민으로 성

장하게 하는 제주형 자율 학교.
- 교육 철학: 지역을 이해하고 세계를 연결하는 시선, 책임 있는 시민성과 실천력을 교육의 핵심 역량으로 삼는다.

교육과정 및 운영 특징

- 특색 과목

  '더불어 사는 지구'(환경·기후·지속 가능성)

  '더불어 사는 우리'(공동체·권리·다양성·평화교육)

- 수업 방식: 전 학년 편성된 주제 중심 창의 교육과정, 프로젝트 수업 및 지역 자원 활용 체험 병행
- 학교 운영: 학생 자치 강화, 지역 사회 연계 수업, 학부모 참여 기반 공동체 운영

대표 사례

- 토평초등학교
- 활동 사례: 곶자왈·재활용센터 체험, 생태 텃밭, 문화다양성 수업, 페·폐·모 캠페인(폐자원 수거 운동), 자율 동아리 운영
- 연수 체계: 세계시민교육 연수, 생태 교육 현장탐방, 수업 나눔 및 교사 동료장학 운영

기대 효과 및 과제

- 성과: 생태 감수성, 공동체의식, 실천 중심 학습 역량 강화
- 과제: 교재 일반화, 지역 사회 협력 체계 정착, 특색 과목의 지속 가능한 운영 구조 필요

세계시민학교는 제주형 자율 학교 중에서도 가장 '지구적 감수성'과 '사회적 책임'을 교육 중심에 둔 학교다. 바른 인성과 창의성을 넘어, 지속 가능한 사회를 위한 실천적 시민 양성을 목표로 삼는다. 토평초등학교는 이러한 철학을 실현하고 있는 대표적 사

례다.

이 학교의 핵심은 두 개의 특색 과목이다. 하나는 '더불어 사는 지구'다. 환경·기후 문제, 자원 순환, 생태 교육 등 기후위기 시대에 필요한 감수성과 실천력을 기르는 과목으로, 곶자왈 탐방, 감귤박물관 체험, 재활용센터 수업 등을 통해 현실 기반 학습이 이뤄진다.

또 하나는 '더불어 사는 우리'다. 이 과목은 공동체 속 갈등 해결, 권리와 규칙, 차이와 차별, 평화적 공존 등을 주제로 삼는다. 학생들은 다양한 문화와 관점을 접하고, 자신과 타인을 이해하는 법, 갈등을 조율하고 공감하는 태도를 실천적으로 배우게 된다.

이 두 과목은 전 학년(1~6학년)에 걸쳐 편성되며, 일반 교과 시수를 일부 조정해 창의적 교육과정으로 통합되어 운영된다. 학습은 실내에서 끝나지 않는다. 학교 텃밭, 마을 탐방, 생태 캠페인, 문화축제 부스 운영 등 지역과 함께하는 프로젝트로 확장된다.

학교는 학생 자치회 중심으로 '페·페·모 캠페인'(페트병·폐건전지·폐휴대폰 수거) 같은 실천형 프로그램을 운영하고, 학부모는 책 읽어주기, 감귤밭 체험, 책 진로 축제 운영 등 교육 활동의 공동 주체로 참여한다.

세계시민학교는 지역에서 출발해 세계로 나아가는 교육이다. 그곳에서는 환경과 인간, 나와 공동체, 지역과 세계가 단절되지 않는다. 토평초의 실천은 '작은 학교'에서 '큰 세상'을 배우는 길이 열릴 수 있음을 보여 준다. 이곳에서 자라는 아이들은 지구를 이해하는 시민이자, 행동하는 사람으로 성장하고 있다.

인성학교:
사람답게 살아가는 힘을 키우는 학교

2025 운영 현황(3)

초	더럭초(제주 제주시 애월읍 하가로 195)
	동남초(제주특별자치도 서귀포시 성산읍 고성오조로 55)
	서귀북초(제주 서귀포시 중앙로 175)

개요 및 철학

- 정의: 지식 중심 교육을 넘어, 자기 이해·타인 존중·공동체 삶을 실천하는 인성 역량을 중심에 둔 제주형 자율 학교.
- 교육 철학: 인성은 교과서가 아닌 삶과 관계 속에서 길러지는 태도라는 전제에서, 감정 조절, 공감, 협력, 존중의 능력을 기른다.

교육과정 및 운영 특징

- 핵심 주제: '다·더·함' 교육철학
- 다(다양성 이해), 더(더불어 사는 삶), 함(함께 성장하는 배움)
- 수업 방식: 학년별 주제 중심 인성 수업, 회복적 생활교육, 사제동행 활동
- 체험 활동: 마음챙김 프로그램, 통합학급 어울림 활동, 인성예절캠프, 자연 트래킹 등

대표 사례

- 동남초등학교
- 주요 프로그램
  마음챙김, 어울림 수업
  인성예절교실 및 캠프
  사제동행 '행복 데이트'
  가정-학교 연계 독서, 자연체험, 건강 챌린지
  학생 자치회 중심 생활 실천 캠페인

기대 효과 및 과제

- 성과: 학생 자존감·자기조절력 향상, 학부모-교사-학생 간 유대 강화
- 과제: 학년 간 연계성과 심화 부족, 학부모 참여 확대, 맞춤형 피드백 시스템 보완 필요

　인성학교는 제주형 자율 학교 중에서도 가장 '사람 중심'에 가까운 학교다. 공부보다 중요한 것은 사람답게 살아가는 힘이라는

철학 아래, 지식이 아닌 태도를 가르치고, 머리가 아닌 마음을 키운다. 동남초등학교는 그 대표적인 사례다.

동남초의 교육은 '다·더·함'이라는 키워드로 구성된다. '다'는 다양성의 이해, '더'는 더불어 사는 삶, '함'은 함께 성장하는 배움을 뜻한다. 이 개념들은 각 학년별로 나뉘어 저학년은 자기 이해와 자기 존중을, 고학년은 공동체의 일원으로서의 책임과 배려를 배우도록 설계되어 있다.

정규 수업 외에도 다양한 체험 활동이 병행된다. '마음챙김 프로그램'에서는 놀이치료와 전문상담을 통해 자존감과 자기조절력을 높이며, '어울림 수업'은 통합학급에서 장애학생과 비장애학생이 자연스럽게 함께 어울릴 수 있는 구조로 짜여 있다. '인성예절캠프'는 단지 예의를 배우는 것이 아니라, 다양한 상황 속에서 감정을 조절하고 관계를 유지하는 법을 실천적으로 익히는 과정이다.

'사제동행 행복데이트'에서는 교사와 학생이 책을 읽고, 산책하며, 영화를 함께 보며 관계 기반의 교육을 실현한다. 학부모는 교육과정 설명회, 자연 트래킹, 가족 독서 등 다양한 활동에 함께 참여하며, 학교의 교육 철학을 가정으로 확장시키는 역할을 한다.

학생 자치회도 활발히 운영된다. '바른생활 챌린지', 학교폭력

예방 캠페인, 학교 행사 기획 등에서 학생들은 주체로서의 책임과 실천력을 경험하게 된다.

인성학교는 단지 '착한 아이'를 기르는 학교가 아니다. 그것은 생각하고, 표현하고, 타인을 존중하며 살아가는 힘을 키우는 학교다. 동남초의 실천은 교육의 본질이 결국 '사람을 위한 것'이라는 점을 상기시킨다. 학교가 삶의 축소판이 될 때, 아이들은 교실에서만이 아니라 세상 속에서도 성장한다.

제주문화학교: 제주로 배우고 제주로 살아가기

2025 운영 현황(3)

초	금악초(제주 제주시 한림읍 금악남2길 1) 성읍초(제주 서귀포시 표선면 성읍민속로 65)
고	대정고(제주 서귀포시 대정읍 일주서로2498번길 21)

개요 및 철학

- 정의: 제주의 자연, 역사, 문화, 언어를 중심으로 한 지역 기반 교육을 통해 제주다움을 내면화하는 학교.
- 교육 철학: "제주를 아는 것을 넘어, 제주로 살아가는 법을 배운다." 지역 정체성과 공동체적 삶을 연결하는 전인적 배움을 지향한다.

교육과정 및 운영 특징

- 핵심 주제
  보: 보전하자(자연·환경)
  물: 물려주자(제주어)
  섬: 섬기자(향토문화)
- 수업 방식: 지역 탐방, 제주어 교육, 그림책 만들기, 전통놀이, 해녀와의 만남 등 지역 맞춤형 체험수업
- 운영 특성: 교사·학부모·마을 협력 수업, 지역기관과 MOU 체결, 마을 청년회와 연계한 프로젝트

대표 사례

- 금악초등학교
- 보·물·섬 프로젝트' 운영
- 그림여행, 악기여행, 작가와의 만남 등 문화통합 활동
- 마을 노인회 공연, 지역신문 제작, 마을 선생님과 제주 이야기 수업

기대 효과 및 과제

- 성과: 학생의 지역 정체성·자긍심 강화, 학부모 만족도 상승, 지역 문화 기반 교육의 일상화
- 과제: 교육과정 NEIS 반영, 「제주특별법」 특례 실효성 강화, 마을 전문가 지속 참여 기반 필요

제주문화학교는 '제주를 배우는 것'을 넘어서 '제주답게 살아가는 힘'을 기르는 학교다. 학생들은 오름을 걷고, 제주어로 동요를 부르고, 해녀 할머니와 대화하며 자신이 딛고 선 땅의 정체성을 배워 간다.

금악초등학교는 '보·물·섬'이라는 주제 중심 교육을 운영한다. '보전하자'는 제주 자연환경을, '물려주자'는 제주어 문화를, '섬기자'는 향토 역사와 공동체 정신을 상징한다. 학생들은 제주 전통 놀이, 해녀 그림책 제작, 제주어 동요 부르기 등의 활동을 통해 제주 안에서 배우고 자란다.

이 수업은 단순한 지역학이 아니라, 삶과 정체성, 공동체에 대한 이해를 중심으로 구성된다. 지역 청년회, 마을 선생님, 노인회 등 마을 전체가 학교와 협력하고, 교사는 단지 전달자가 아닌 '교육 기획자'로서 수업을 공동 설계한다.

제주문화학교는 지역에 뿌리내린 교육을 통해, 학생이 지역을 사랑하고, 세계를 향해 나아갈 힘을 기르는 배움의 장이다. 금악초의 실천은 교육이 학교 안에서 끝나는 것이 아니라, 지역과 함께 만들어지는 공동의 문화가 될 수 있음을 보여 준다.

건강생태학교:
자연이 교과서가 되는 학교

2025 운영 현황(1)

초	선흘초(제주 제주시 조천읍 선흘동1길 41)

개요 및 철학

- 정의: 제주의 생태 환경을 기반으로 마을교육공동체와 함께 지속가능한 건강생태 교육과정을 운영하는 제주형 자율 학교.

- 교육 철학: 자연과 인간이 공존하는 삶의 태도, 생태 감수성과 기후위기 대응 의식을 길러 주는 생태 전환 교육을 지향한다.

교육과정 및 운영 특징

- 수업 방식: 생태탐방, 텃밭 가꾸기, 생태예술 활동 등 지역 환경과 연계된 체험 중심 교육과정 운영.
- 운영 방식: 마을 단위 기관·전문가와 협력하는 생태 교육공동체 형성.
- 학생 참여: 실천형 프로젝트 학습, 생태 전환 캠페인, 자기표현 중심 활동 강조.

대표 사례

- 운영학교: 선흘초, 하례초
- 주요 프로그램: 동백동산 습지탐사, 생태음악·미술·사진 수업, 생태농장 활동, 마을생태연구소 협업 등

기대 효과 및 과제

- 성과: 아이들이 자연과의 연결 속에서 생태시민으로 성장, 지역과 함께 배우는 문화 형성.
- 과제: 디지털 교육과의 융합, 마을 인프라 의존성 극복, 생태 교육 일반화를 위한 제도적 지원 필요.

건강생태학교는 자연을 단지 배우는 대상이 아닌, 삶을 함께 살아가는 존재로 여기는 교육 철학에서 출발한다. 제주라는 섬이 가진 독특한 생태 자원과 마을 공동체를 기반으로, '배움'과 '살이'가 분리되지 않는 교육을 실천하고자 한다.

선흘초등학교는 동백동산 람사르습지센터와 협력하여 오름, 습지, 용천수 등 제주의 고유한 생태 환경을 직접 걷고 탐방하는 생태체험형 수업을 정기적으로 운영하고 있다. '선흘생태농장'에서는 학생들이 작물을 심고 가꾸며 생명의 가치와 먹거리 순환을 몸으로 익힌다.

하례초등학교는 생물권보전지역인 효돈천과 고살리숲, 하논분화구 등 마을 자원을 교육과정으로 끌어들여 '하례생태지킴이'와 '생태탐험대' 같은 학교 특색활동을 진행한다. "하례 마을이 작은 지구라면?" 같은 주제를 중심으로, 미세플라스틱 조사, 바다 생물 노래 만들기, 지역 텃밭 가꾸기 등 생태 프로젝트가 교과 전반에 통합된다.

 이 학교들은 자연에서 놀고 배우는 것에 그치지 않고, 왜 생태적 삶이 필요한지를 실천적으로 고민하게 만든다. '채식의 이유', '투명 페트병 캠페인', '기후위기 독서 토론' 등의 활동은 기후위기와 생태 전환이라는 시대적 과제를 아이들 삶의 일부로 끌어들인다.

 건강생태학교는 단순히 자연을 관찰하는 교육을 넘어, 생명 중심의 전환적 삶을 배우는 공간이다. 선흘초와 하례초의 실험은 '자연이 교과서가 되는 학교'가 어떤 모습이어야 하는지를 보여준다. 아이들은 땅을 만지고, 바람을 느끼고, 함께 노래하며 성장한다. 이 학교들은 제주 교육이 생태문명으로 향하는 작은 출발점이 될 수 있음을 증명하고 있다.

제주 아이들은
다르게 자란다

Part 04

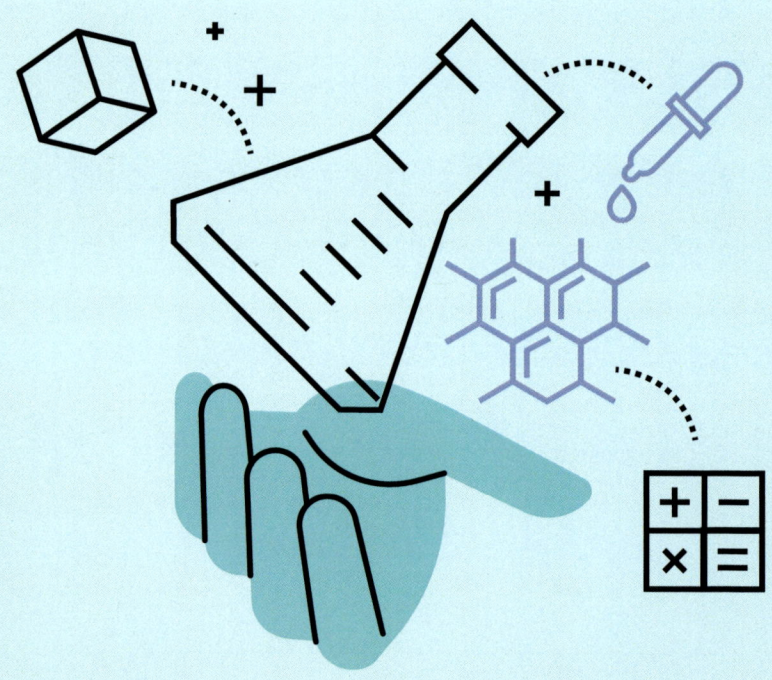

제주, 대한민국 공교육의 미래를 보여 주다

실험이 아닌 미래:
제주형 자율 학교의 보편적 가능성

제주형 자율 학교는 단순한 지역 교육정책의 산물이 아니다. 그것은 지금 대한민국 공교육이 직면한 본질적 질문에 대한 구체적 응답이다. 공교육은 누구를 위한 제도인가? 배움은 모두에게 같은 모습이어야 하는가? 제주에서 이 질문들은 제도의 언어가 아니라 학교 현장의 언어로 되풀이되고 있으며, 그 답을 학생 중심 교육, 삶과 연결된 배움, 그리고 공동체적 운영이라는 실천을 통해 제시하고 있다.

제주형 자율 학교는 다양한 이름을 지니고 있지만 공통된 철학을 품고 있다. 교육의 주체를 교사나 행정이 아닌 학생으로 옮겨

놓고, 배움을 시험이나 정답의 문제로 좁히지 않으며, 마을과 부모, 지역이 교육의 주체로 함께 참여하는 구조다. 이 실험은 행정이 주도한 시범사업이 아닌, 교사들의 자발적 탐색과 실천에서 출발했고, 「제주특별법」이라는 제도적 장치와 교육청의 재정·행정적 뒷받침을 통해 제도화된 사례다.

특히 제주형 자율 학교는 대한민국 공교육의 획일성, 평가 중심 문화, 지역 간 격차 문제를 재조명하게 한다. 제주도에서 실현된 이 실험은 더 이상 '지역 사례'가 아니다. 대한민국의 다른 지역에서도 충분히 확산 가능한 보편적 교육 철학이며, 지금 이 시점에서 그 가능성과 한계를 분석하고 미래를 모색하는 것은 교육의 공공성을 회복하는 일과도 직결된다.

학교 선택과
정보 접근의 격차

학교를 선택한다는 것은 단지 '좋은 학교'를 찾는 일이 아니다. '우리 아이에게 맞는 학교'를 찾는 과정이며, 이는 부모가 아이를 발견하고 이해하는 데서 시작된다. 하지만 현재 대한민국의 공교육 시스템은 이 당연한 과정을 매우 어렵게 만든다.

하워드 가드너의 다중지능이론이나 켄 로빈슨의 창의력 이론처럼, 아이들은 각기 다른 방식으로 잠재력을 발현한다. 어떤 아이는 자연 속에서, 또 어떤 아이는 토론을 통해, 혹은 손으로 만들기를 통해 자신의 능력을 드러낸다. 그러나 대부분의 학교는 여전히 언어와 논리적 추론을 중심으로 한 단일한 기준으로 아이를 평가하며, 이러한 기준은 일부 아이들만을 '똑똑한 아이'로 인정한다. 나머지는 발견되지 못한 채, 그 잠재력을 발휘할 기회를 얻지 못한다.

제주처럼 다양한 교육 철학을 바탕으로 한 학교 모델이 존재하는 지역조차도, 실제로 학부모가 학교를 자유롭게 선택하는 데에는 여러 장벽이 존재한다. 물리적 거리, 통학 여건, 학구제도의 경직성은 물론, 무엇보다 '정보 접근'이 문제다.

2025년 7월 설문조사 결과, 학부모들은 학교에 대한 정보를 주로 '맘카페', '지인 및 다른 학부모', '직접 전화 문의' 등을 통해 얻는다고 응답했다. 공식적 정보 시스템보다는 비공식 채널에 의존하는 현실이다. "자율형 학교에 대한 쉬운 접근 및 정보 공유가 필요해요.", "정보가 더 많았으면 합니다."라는 학부모의 자유 응답은 정보 격차 문제를 명확히 보여 준다.

또한, 학부모들이 학교 선택 시 가장 크게 고려한 요소는 '통학 거리 및 교통'이었고, 그다음은 '교육 철학 및 수업 방식', '졸업생 진로 및 성과' 순으로 나타났다. 이는 여전히 지역 간 이동과 거리의 물리적 제약이 학교 선택의 우선 기준이 되고 있음을 시사한다. 더욱이 '정보 부족', '운영과 실제 내용의 괴리', '입학 절차의 불명확성' 등이 학교 선택의 어려움으로 지적되었다.

제주시 거주 유아 학부모는 '놀이학교', '글로벌역량학교'를 알고 있으며 '디지털/발명학교'에 관심을 보였다. 이 응답자는 '정보 부족'과 '지역 간 이동의 어려움'을 주요 장애 요소로 꼽았고, '정보 접근성 강화'와 더불어 '입시·진로 연계 지원'을 보완 과제로 제시했다. 이는 유아기부터 시작된 교육적 관심이 단지 입학이나 커리큘럼에 그치지 않고, 고등교육과 진로에까지 이어지기를 바라는 학부모의 기대를 보여 준다. 자율 학교가 일회성 실험이 아니라 삶 전반을 연결하는 장기적 구조로 자리 잡기를 바라는 사회적 신호다.

공교육이 학부모와 학생의 신뢰를 받기 위해서는, 학교 정보를 보다 투명하고 정제된 방식으로 제공해야 한다. 이는 단지 행정 편의가 아닌, 교육 기회의 공정성을 보장하기 위한 조건이다. 학교별 교육 철학, 수업 방식, 학생 성장 경로, 학부모 후기 등을 담은 종합 안내 플랫폼 구축이 절실하다.

제도만으로는 부족하다: 구조적 한계와 문화의 역할

제주형 자율 학교의 확산을 위한 제도적 기반은 분명 중요한 요소다. 제주에서는 「제주특별법」을 통해 교원 자격 요건, 교육과정 운영, 학사일정 조정 등에서 자율권이 보장되었다. 하지만 단지 법이나 예산만으로는 교육을 변화시킬 수 없다.

가장 중요한 요소는 '사람'이다. 교사의 자율성과 전문성, 학부모의 신뢰, 지역공동체의 참여 문화가 함께할 때만 교육 실험은 지속 가능해진다. 특정 교사의 열정에 기댄 교육 실험은 그 교사가 이동하거나 지치면 중단될 수밖에 없다. 학교의 철학이 교사나 교장 한 사람에 의해 좌우되는 것이 아니라, 학교 문화와 구조 속에 내재화되어야 지속 가능성이 생긴다.

또한, 정책이 성공하려면 단순한 전달이 아니라 '소통'이 전제되어야 한다. 제주형 자율 학교가 의미 있는 성과를 낼 수 있었던 것은, 교사들이 직접 기획하고 실천한 실험들이 제도화되었기 때문이다. 즉, 정책이 위에서 아래로 내려온 것이 아니라, 현장에서 올라와 위에서 그것을 담아내는 구조로 전환되었기 때문이다.

특히 언어 교육은 제주형 자율 학교에서 매우 중요한 축을 이루고 있다. 글로벌역량학교, 세계시민학교 등은 영어를 포함한 다양한 언어를 '시험과목'이 아닌 '소통과 감수성의 도구'로 다루며, 학부모들의 강력한 수요를 반영하고 있다.

반면 대한민국 교육정책은 이러한 수요를 억누르는 방향으로 흐르고 있다. 예를 들어, 초등학교 1·2학년 학생에 대한 영어교육은 법적으로 금지되어 있으며, 영어 교육은 원칙적으로 3학년부터 시작되도록 규정되어 있다. 유치원 단계의 영어 프로그램(영어유치원)의 경우, 영어 수업 명칭 사용마저 규제하려는 검토가 있었고, 이는 유아들의 학습 동기나 가족의 선택권을 부당하게 제약

한다는 비판을 받고 있다.

정책을 설계하는 당사자들 자신은 해외 유학이나 국제 학교 지원 등을 적극적으로 활용하는 반면, 정작 공교육은 이런 학부모의 언어교육 욕구를 억압하고 있는 구조는 '보편성'이라는 명분이 누구를 위한 것인지 근본적 문제를 제기하게 만든다.

핀란드와 같은 국가에서는 초등학교 1학년부터 영어 및 다언어교육이 자연스럽게 도입되며, 언어를 문화적 감수성과 세계 시민성의 기초로 이해한다. ELPS(경험-언어-그림-상징) 모델을 통한 언어 습득, 교사의 자율성, 부모의 신뢰가 결합된 구조는 한국 공교육의 언어교육 정책에 깊은 시사점을 준다.

대한민국 공교육을 위한 정책 제언

제주형 자율 학교는 단순히 제도적 실험이 아니라, 대한민국 공교육의 미래를 설계할 수 있는 살아 있는 모델이다. 이를 기반으로 다음과 같은 정책 제언을 제시한다.

교육 자율성의 제도화

중앙정부 주도의 획일적 기준을 넘어서, 시도교육청과 학교 단위에서 교육과정과 운영 방식을 설계할 수 있는 법적 자율권이 보장되어야 한다.

초중고 연계 체계의 구축

초등학교에서 시작된 배움의 철학이 중학교, 고등학교까지 일관되게 이어져야 한다. 이를 위해 교과 편성, 고교학점제, 평가 시스템의 연계성을 확보하고, 대학입시와도 유기적으로 연결되는 구조가 필요하다.

교육정보 통합 공개 시스템

학부모와 학생이 학교를 신뢰하고 선택하기 위해서는 학교의 교육철학, 수업 사례, 학생 성장 경로, 졸업 이후 진로 등이 포함된 종합적 정보 제공 시스템이 필요하다.

교사의 자율성과 전문성 보장

실험적 수업과 교육과정 운영이 가능한 연수 체계, 교원학습공동체, 수업공유 문화 등이 제도적으로 뒷받침되어야 하며, 일정 기준 이상의 전문성을 가진 교사에게는 보다 큰 자율성과 권한을 부여해야 한다.

다차원 성장 평가 체계 도입

협력, 성찰, 표현, 탐구력 등 다양한 역량을 반영한 포트폴리오 기반의 루브릭 평가 체계가 필요하며, 이는 교육청 주도로 공공 시스템으로 구축될 수 있다.

교육과 정치의 건강한 분리

교육은 정치의 도구가 되어서는 안 된다. 비판적 사고력, 시민 의식, 공동체 감수성 등 보편적 가치를 중심으로 교육이 설계되어야 하며, 특정 정파의 주장이나 편향된 세계관이 교육과정에 반영되는 일은 경계되어야 한다.

유아기부터 언어교육 욕구를 반영한 유연한 제도 설계

공교육이 법적 제한으로 학부모의 언어교육 수요를 억누르는 것이 아니라, 글로벌 소통 능력과 문화 감수성을 기르는 방향으로 재설계되어야 한다. 핀란드처럼 경험 중심 언어교육과 다언어 교육, 교사의 자율성을 결합한 체계를 참고할 필요가 있다.

제주형 자율 학교는 지금 우리 공교육이 어떤 방향으로 나아가야 하는지를 보여 주는 나침반이다. 이 실험이 가능했던 이유는 단지 제주라는 지역의 특수성 때문이 아니라, 교육을 바꾸려는 사람들의 실천과, 이를 제도적으로 뒷받침하려는 의지, 그리고 현장과 행정이 함께 만들어 낸 구조적 결실이 있었기 때문이다.

이제 제주형 자율 학교의 성과를 전국으로 확산시킬 시간이다. 그것은 틀을 복제하는 일이 아니라, 철학을 공유하고 구조를 바꾸는 일이다. 그리고 그 변화는 아이들이 웃고, 질문하고, 실패할 수 있는 권리를 회복시키는 데서 출발해야 한다. 대한민국 공교육은 지금, 제주를 통해 다시 시작될 수 있다.

참고 자료

- 제주특별자치도청, 『표선면 5년간 인구통계』, 2020-2024년 기준 인구 데이터.
- 통계청 국가통계포털(KOSIS), 『초등학교 학생수(시도·시군구별)』, 2024년.
- 한국교육개발원, 『학생의 학교생활 만족도(시도별)』, 2024년 조사 데이터.
- 제주특별자치도교육청 홈페이지 및 각 학교 블로그(표선초, 표선중, 표선고) 현장자료 참조.
- 제주교육청
- 대구교육청
- 이종승, 「제주 표선고가 쏘아 올린 IB의 가능성」, 『동아일보』, 2024. 1. 24., https://www.donga.com/news/Society/article/all/20240124/123208067/1
- OECD (2023). PISA 2022 Results. https://www.oecd.org/pisa/
- OECD (2023). Education at a Glance 2023: OECD Indicators. https://www.oecd.org/education/education-at-a-glance/
- 국가교육회의 (2022), 「사회경제적 배경에 따른 교육 격차 분석 보고서」
- 서울교육연구 (2023), 『IB 프로그램 도입이 고등학교 교육과정 및 대학입시에 미치는 영향』, 서울교육대학교 부설 서울교육연구소 연구자료.
- Choi, M. (2022).

"한국 공립 학교에서의 IB 운영 실천과 과제: 교사 인터뷰 기반 분석."

『교육과정연구』 제40권 제2호, pp. 77-98.

서울특별시교육청 정책연구보고서 (2021).

『서울시 IB 시범학교 운영 중간평가 및 정책 제언 보고서』.

서울교육정책연구소.

한국교육개발원(KEDI) (2022).

『IB 프로그램 확산에 따른 사회적 인식 분석 연구』.

교육정책분석연구팀, 정책연구자료.

Rao, P. (2020).

"Implementation Challenges of the PYP in Public Schools in South Asia."

International Journal of Educational Innovation, Vol. 12(3), pp. 133-152.

California IB Schools Study (2018).

"Gains and Gaps in IB Diploma Program Participation and University Success."

University of California Office of the President Research Brief.

IBO (International Baccalaureate Organization) 공식 문서

"What is an IB Education?" (2020 version)

"Assessment Principles and Practices" (2022 edition)

통계청,「사회조사」, 2024, 2025.06.22, 학생의 학교생활만족도(시도)

교육부 (2018). 「초등학교 1·2학년 영어수업 금지 지침」.

교육부 보도자료 (2023). "영어유치원 명칭 사용 제한 관련 행정지도 방침".

국가법령정보센터. 「초·중등교육법 시행령」 제23조 (영어과목 개설 시기)